MOBIL & AKTIV ERLEBEN

WOHNMOBIL-REISEFÜHRER

Baltische Staaten: Litauen

Tipps für Ihre Reise
aus der Praxis, für die Praxis

Johannes Hünerfeld
MOBIL & AKTIV ERLEBEN
WOHNMOBIL-REISEFÜHRER

Eduard-Trabold-Straße 6
D-79183 Waldkirch-Kollnau

Tel. +49(0)7681/4 92 77 18
Fax +49(0)7681/4 92 77 19
mailto:verlag@mobil-und-aktiv-erleben.de
www.mobil-und-aktiv-erleben.de

FSC
www.fsc.org
MIX
Papier aus verantwortungsvollen Quellen
FSC® C005754

DER AUTOR: CARSTEN DÖBLITZ

Carsten Döblitz wurde 1967 in Hamburg geboren und wuchs am Nordrand der Lüneburger Heide auf. Nach einem Lehramtsstudium (Geographie, Deutsch, Geschichte) und langjähriger Berufstätigkeit arbeitet er heute als pädagogischer Schulassistent für autistische Schulkinder. Er ist verheiratet, vierfacher Vater und spricht Englisch und Französisch.

Seit 2006 reist er mit der Familie im Wohnmobil durch Deutschland und das angrenzende Europa und hat neben klassischen Wohnmobilthemen auch die Bedürfnisse von Familien im Blick. In den letzten Jahren eignete er sich ein breites Fachwissen über familienfreundliche Reiseziele, Routen, Stell- und Campingplätze sowie Unternehmungen an. Die Beschreibung ausgesuchter, selbst erprobter und solide recherchierter Reisetipps für Familien mit und ohne Kinder ist sein Anliegen.

TITELBILD:
Die Altstadt von Kaunas

DRUCK:
EuroPrintPartner GmbH & Co. KG, Weststraße 26, D-77694 Kehl

GRAFISCHES KONZEPT:
bente :: werbung + design, Kapellenweg 12, 79100 Freiburg

KARTOGRAFIE:
Freytag-Berndt & Artaria KG, 1230 Vienna, Austria - Europe

HERAUSGEBER, SATZ UND PRODUKTION:
Johannes Hünerfeld
MOBIL & AKTIV ERLEBEN
WOHNMOBIL-REISEFÜHRER
Eduard-Trabold-Straße 6
D-79183 Waldkirch-Kollnau
Tel. **+49(0)7681/4 92 77 18**
Fax **+49(0)7681/4 92 77 19**
mailto:verlag@mobil-und-aktiv-erleben.de
Homepage: www.mobil-und-aktiv-erleben.de

FOTOGRAFIE:
Carsten Döblitz/Johannes Hünerfeld
Aufnahmen anderer Fotografen sind entsprechend gekennzeichnet.

ISBN 978-3-943759-32-7

BIBLIOGRAFISCHE INFORMATION DER DEUTSCHEN NATIONALBIBLIOTHEK

Die Deutsche Nationalbibliothek verzeichnet diese Publikation in der Deutschen Nationalbibliografie; detaillierte bibliografische Daten sind im Internet über http://dnb.dnb.de abrufbar.

Zur Einstimmung

Über 3.000 Seen, eine einzigartige Dünenlandschaft, unberührte Wälder, wilde Ostseestrände, lebendige Städte voller Geschichte und Bernstein in jeglicher Form. Litauen wartet darauf, von Ihnen entdeckt zu werden. Egal ob Kultururlaub, Aktivreise in der Natur oder Badeurlaub an der Ostsee: Im größten der drei baltischen Staaten finden Sie beides.

Märchen und Mythen werden Ihnen auf Ihrer Reise durch Litauen immer wieder begegnen, egal in welcher Region sie sich befinden. Wussten Sie zum Beispiel, dass das litauische Gold, wie der Bernstein hier liebevoll genannt wird, die Überreste des Schlosses der Meeresgöttin Jurate sind, die sich unglücklich in den Fischer Kastytis verliebte? Mit etwas Glück finden Sie bei einem Strandspaziergang vielleicht ein Steinchen. Die Küstenregion, allen voran die Kurische Nehrung, ist vielen Urlaubern ein Begriff. Doch die Schönheit und Wildheit der Landzunge muss man mit eigenen Augen gesehen haben, um sie zu begreifen. Vergessen Sie aber nicht die anderen Regionen Litauens zu besuchen: Hochlitauen, das Land der tausend Seen, oder Mittellitauen mit seinen Burgen entlang des Nemunas.

Die Hauptstadt Vilnius wird gerne als „Jerusalem des Nordens" bezeichnet. Die UNESCO-geschützte, barocke Altstadt steht bei jedem Besuch auf dem Programm. Doch bei einem Streifzug durch die Stadt können Sie weit mehr entdecken als die klassischen Sehenswürdigkeiten: Boutiquen junger Designer, gemütliche Cafés und Restaurants oder die quirlige Künstlerrepublik Užupis.

Mit der aktuellen Auflage fand auch ein Wechsel des Autors statt. Wo nötig, habe ich Informationen und Einschätzungen auf den neuesten Stand gebracht, während die bewährte Struktur der Bücher und die bei den Reisenden beliebten Routenvorschläge weitgehend unverändert bleiben konnten.

Tauchen Sie ein ins Bernsteinland Litauen. „Iki" – bis bald und immer eine sichere Fahrt!

Herzlichst Ihr

Carsten Döblitz

Inhaltsverzeichnis

LIEBE LESERINNEN UND LESER,

Mit diesem Wohnmobil-Reiseführer der Reihe „MOBIL & AKTIV ERLEBEN" richten wir uns an all diejenigen, die sich gerne in der Natur aufhalten, sich dort sportlich aktiv betätigen und zugleich die regionale Kultur erleben möchten. Mit unseren Routen- und Ausflugsvorschlägen sowie mit den Stellplatztipps treffen wir sicherlich auch Ihren Geschmack.

Beachten Sie bitte, dass sämtliche Informationen in diesem Buch gewissenhaft und teils mehrfach vom Autoren vor Ort recherchiert worden sind. Doch kann nicht ganz ausgeschlossen werden, dass bei der Recherche oder bei der Umsetzung im Buch etwas übersehen, vergessen oder falsch wiedergegeben wurde. Wir haben keinen Einfluss auf spätere Veränderungen der jeweiligen Gegebenheiten vor Ort, die beispielsweise vom Wetter, veränderter Rechtssituation, Verbotsschildern etc. und anderen Rahmenbedingungen beeinflusst werden.

Verlag und Autor übernehmen keine Verantwortung für die Rechtmäßigkeit, Richtigkeit und Vollständigkeit der Angaben im Buch. Die Haftung ist ausgeschlossen, sofern ein Schaden nicht auf Vorsatz oder grobe Fahrlässigkeit zurückgeführt werden kann.

Haben Sie doch einmal Anlass zur Kritik, Vorschläge für Ergänzungen oder Korrekturhinweise, informieren Sie uns bitte. Mit Ihren Änderungsvorschlägen sowie Anregungen zu Inhalt und Gestaltung helfen Sie uns, die Wohnmobil-Reiseführer aus der Reihe MOBIL & AKTIV ERLEBEN aktuell zu halten und weiter zu verbessern.

Bitte lassen Sie uns mit konkreter Angabe von Buchtitel, Auflage und Seitenzahl wissen, welche Hinweise und Vorschläge Sie uns geben möchten. Sie erreichen uns auf dem Postweg (Adresse siehe Einleitung). Noch einfacher ist es, wenn Sie uns eine eMail an verlag@mobil-und-aktiv-erleben.de schicken oder das Kontaktformular auf der Website nutzen.

Zum Gebrauch des Buches

Bevor Sie sich mit der Lektüre der vier Routen befassen, möchte ich ein paar Hinweise in eigener Sache vorausschicken und diese mit einigen grundlegenden Informationen zum Verständnis der Stellplatz- und Routenvorschläge dieses Buches verbinden.

Herzlich Willkommen in diesem einzigartigen Reiseland, das mitten in Europa liegt: Litauen.

Mitten in Europa? Sie haben richtig gelesen. Der geographische **Mittelpunkt unseres Kontinents** liegt nur wenige Kilometer nördlich der litauischen Hauptstadt Vilnius (Wilna).

Dieses Buch ist eines der drei Bücher über die baltischen Staaten, die Anfang der 90er Jahre weitgehend friedlich den Weg in die Unabhängigkeit gefunden haben und mittlerweile wieder mitten in Europa angekommen sind.

Litauen hat landschaftlich mit seinen sanft hügeligen, bewaldeten Seenlandschaften viel zu bieten, von der einzigartigen Kurischen Nehrung und dem Haff mal ganz abgesehen. Die lebendige Hafenstadt Klaipeda, das bunte Kaunas, voll von Architektur und Kultur, die historische Wasserburg Trakai und Vilnius, Barockstadt und lebendige Metropole machen Lust darauf, sie zu entdecken.

Viele wertvolle Informationen finden Sie auf der Webseite des Litauischen Fremdenverkehrsamtes unter www.lithuania.travel, darunter nützliche Apps, Wander- und Radtouren, Rabattangebote, Detailkarten und Veranstaltungshinweise. Mit diesem Buch halten Sie die eine her vorragende Anleitung in Händen und können all dies mit Ihrem Wohnmobil mobil & aktiv erleben.

REISEN UND COVID 19

Niemand weiß, wie sich die Covid -19 Situation entwickelt. Es erscheint aber naheliegend, dass der Reiseverkehr noch längere Zeit besonderen Regelungen unterworfen sein wird. Prüfen Sie diese Regelungen vor Reiseantritt, um Überraschungen zu vermeiden.

Informationen über die Einreisebestimmungen (Stand 06/2021):
www.urm.lt/de/de/news
http://koronastop.lrv.lt/en/
www.auswaertiges-amt.de/de

HINWEISE

Mit den parallel erscheinenden **Nachbarbüchern über Lettland und Estland** können Sie die Vorschläge dieses Buches um weitere attraktive Reiseziele erweitern. Viele Baltikumreisende besuchen die Länder im Rahmen einer längeren Reise, vielleicht auf dem Weg nach Finnland oder bei einer Rundtour rund um die Ostsee. Eine aktuelle Übersicht über unsere Bücher finden Sie unter www.mobil-und-aktiv-erleben.de.

Sämtliche Beschreibungen und Vorschläge für Ihre Reise durch Litauen sind auf Grundlage vieler längerer Reisen gewissenhaft erstellt worden. Es handelt sich um eine subjektive Schilderung der Reiseerfahrungen der Autoren, die zum Teil gemeinsam mit der Familie und teils mit Freunden gesammelt wurden.

Mit dem Begriff „Reise ins Baltikum" wird man dem eigenständigen Charakter der doch recht unterschiedlichen Kulturen der drei baltischen Staaten nicht gerecht. Litauen, Lettland und Estland schauen auf eine wechselvolle Geschichte zurück, die eng mit der deutschen und europäischen Geschichte verflochten ist. Im Zarenreich und in der UdSSR galten sie als Tor zum Westen. Dennoch sind es gesellschaftlich und kulturell drei grundverschiedene Länder, so unterschiedlich wie ihre Sprachen. Aus diesen Gründen war es konsequent, jedem der drei schönen Länder ein eigenes Buch zu widmen.

Die Stellplatz- und Ausflugstipps wurden persönlich, oft mehrfach, recherchiert und die Parkplätze auf die Wohnmobiltauglichkeit hin beurteilt. Doch ist selbstverständlich nie ganz

auszuschließen, dass sich auch in kurzer Zeit Veränderungen ergeben, die eine Nutzung der Stellplätze einschränken oder verbieten. Dies gilt in besonderem Maße während der Covid-19 Pandemie. Hierfür können die Autoren keine Gewähr übernehmen, ebenso wenig wie für die Rechtmäßigkeit der Hinweise und Tipps, auch wenn bei der Recherche selbstverständlich größtmögliche Sorgfalt gegeben war.

Stellplatztipps sind niemals eine Rechtfertigung, auf Privatgrund ohne Rücksprache mit den Eigentümern zu parken, schon gar nicht über Nacht. Es ist eine Selbstverständlichkeit (und eine rechtliche Notwendigkeit), **mit den Besitzern zu sprechen** und das **Einverständnis einzuholen**, den Parkplatz als Stellplatz zu nutzen. Es ist auch Ehrensache, die Anfrage mit der Einkehr oder einem Einkauf zu verbinden, besonders dann, wenn keine Stellplatzgebühr erhoben wird. Und glauben Sie uns, diese Plätze sind oft die Perlen.

Grundidee dieses Buches ist das Bestreben, Ihnen eine große Auswahl von Stellplatzalternativen zu geben, aus der Sie das Passende heraussuchen. Es ist unser Ziel, Ihnen lange Fahrtwege auf der Stellplatzsuche zu ersparen, eine Auswahl an regionalen Besonderheiten aufzuzeigen, sei es mit Blick auf die Geschichte und Kultur, aber auch auf **regionale Produkte**. Wir wollen, dass Sie Urlaub machen können, und nicht Stellplatzführer abreisen.

Zugleich ist es ein Anliegen, Ihnen die Mentalität der Litauer näher zu bringen. Vor allem die ältere Generation mag Ihnen auf den ersten Blick einen distanzierten Eindruck machen. Das hat

jedoch nichts mit Unfreundlichkeit zu tun, sondern ist eher eine Folge der Unterdrückung und Überwachung in den Diktaturen der Jahrzehnte vor der Wende.

Zugleich darf ich auf die herzliche Gastfreundschaft hinweisen, die sich nach einer „Aufwärmphase" ergibt. Friesen, Sachsen, Mecklenburger und Emsländer, werden wissen, wovon ich spreche, denn wir sind ja nicht viel anders. Deshalb möchte ich Sie ermutigen, mit den Besitzern von Restaurants, Campingplätzen, aber auch mit der „einfachen Bevölkerung" den persönlichen Kontakt zu suchen. Das geht ganz besonders gut auf Stellplätzen in der Natur, denn die Litauer schätzen es selbst, am Wochenende Campingurlaub zu machen. Meistens schlägt man auf dem Wochenendausflug das Zelt auf und nutzt die einfachen Zeltplätze an Seen und in den Wäldern, um gemütlich im Familien- und Freundeskreis zu entspannen. Für mich war es auf allen Reisen in die baltischen Länder immer wieder ein Erlebnis, mit den Menschen auf diese Weise in Kontakt zu treten. Selten habe ich so viel Herzlichkeit und Offenheit erlebt, wie hier.

Dieses Buch beschreibt eine **Mischung zahlreicher Stellplätze** verschiedener Kategorien. Zudem möchte ich dies mit Hinweisen auf **regionale Besonderheiten** verbinden, auf Hofläden, Landbäckereien oder Mühlen entlang der Routen, die ihren Gästen eigene oder regionale Produkte anbieten.

Das Wandern, Rad fahren, aber auch Bademöglichkeiten genießen einen hohen Stellenwert im Wohnmobil-Tourismus. So habe ich Wander- und Radtouren, Seen, Strände sowie Schwimm- und Thermalbäder in die Routenvorschläge eingebunden. Wo immer es mir möglich war, habe ich schöne **Sehenswürdigkeiten** geschildert.

Selbstverständlich werden auch Kinder nicht vergessen. Bei der Auswahl der Stellplätze achten wir bereits auf **Spielplätze**, und ebenso auf Attraktionen wie Tierparks, Freizeitparks o.ä. Litauer mögen Kinder, und Sie werden sich diesbezüglich wohl fühlen.

Zahlreich erwähnen wir **Bademöglichkeiten** an der See und in den Seen. Achten Sie aber bitte auf die Gegebenheiten, zumal es an Badeseen häufig keine Badeaufsicht gibt. Die Wasserqualität ist übrigens, sowohl an Seen als auch am Meer, ganz überwiegend hervorragend.

Aus langjähriger Erfahrung auf Reisen mit dem Wohnmobil bin ich mir bewusst, dass viele von Ihnen komfortable **Wohnmobilstellplätze** mit geeigneter Infrastruktur schätzen, die es in der

Form aber nicht gibt, sondern, ebenso wie übrigens in Lettland und Estland, nur den **Campingplatz**.

Meist liegen die Preise je Wohnmobil und Nacht inkl. 2 Personen zwischen € 10,00 und 25,00. Die exakte Angabe von Preisen ist unmöglich. Wenn Vergleichspreise angegeben sind, ist zu beachten, dass diese dem Stand der aktuellen Recherche (Sommer 2020) entsprechen und sich auf die Übernachtung mit Personen beziehen

Vielen Reisenden reicht oft auch ein ganz normaler Parkplatz, wenn er mit einem attraktiven Umfeld verbunden ist. Diesem Wunsch werde ich mit Tipps für **freie Stellplätze** gerecht, die Sie in Litauen legal für eine Nacht nutzen können, bis Sie wieder eine **Ver- und Entsorgungsstation** auf einem Campingplatz benötigen.

Beurteilen Sie bei der Nutzung freier Stellplätze bitte, ob Sie sich selbst als Anwohner oder Nachbar durch Anzahl und **Verhalten der Wohnmobiltouristen** gestört fühlen würden. Wenn ja, suchen Sie bitte einen anderen Stellplatz auf, auch wenn er nicht die ultimative Aussicht bietet mag, einen Fußmarsch oder ein paar Meter mit dem Fahrrad erfordert. Es wäre schade, wenn durch das Fehlverhalten Einzelner die einschlägig bekannten Beschränkungen eintreten würden („Teppichstange“ oder Nachtparkverbote). An ersten Stellen passiert dies nämlich bereits.

Beachten Sie auch die **Infos von A-Z am Ende dieses Buches**. Wenn Ihnen unterwegs Informationen fehlen, Sie Veränderungen feststellen oder Anregungen zur Verbesserung des Buches haben, freuen wir uns über Ihre **Zuschrift**. Besten Dank im Voraus.

Erläuterung zu den Symbolen

- P Parkplatz/Zeltplatz
- Wandern, Nordic Walking
- Restaurant
- C Campingplatz
- Wasserversorgung
- i Hintergrundinformation
- Markanter Gipfel/Aussicht
- Thermalbad
- Picknickplatz
- Radtour
- Einkaufsmöglichkeit
- Ver-/Entsorgungsstation
- Stromanschluss
- Sehenswürdigkeit
- Badesee/Schwimmbad
- WC (öffentliche) Toilette

Memelland und Suvalkija

Seien Sie herzlich willkommen in Litauen. Folgen Sie mir in die sehr reizvolle Region von Memelland und Kurischer Nehrung. Das hat nicht zuletzt damit zu tun, dass viele Deutsche oder deren Vorfahren im heutigen Klein-Litauen ihre Wurzeln haben. Seit jeher war Nida ein Ferienort für die Schönen und Reichen. Thomas Mann hat nicht umsonst ein Haus als Sommerresidenz auf der Nehrung erworben.

Der Nemunas (die Memel) begleitet die Reise weiter durch den Landesteil Suvalkija, wozu ich mit Kaunas auch die ehemals „provisorische Hauptstadt" Litauens zähle. Sie liegt zwar offiziell in Aukštaitija, dem größten Landesteil, aber halt auch an der Memel, die heute Nemunas heißt.

Das kurische Haff

Höhepunkte der Route Memelland und Suvalkija

1 KLAIPEDA

Litauens größte Hafenstadt, Tor zum Kurischen Haff und der Nehrung. (Seite 12)

2 NIDA

Historischer Fischer- und Künstlerort auf der Nehrungzwischen Ostsee und Haff. (Seite 23)

3 VENTES RAGAS

Für nicht wenige der schönste Ort Litauens. Der Leuchtturm bietet einen großartigen Blick übers Haff. (Seite 28)

4 KAUNAS

Besuch in der alten Hansestadt mit historischem Stadtkern und zahlreichen moderinistischen Bauten. (Seite 50)

5 BADE- UND KURORT BIRŠTONAS

Ein Kur- und Wellnessort mit langer Geschichte, Quellort des Vytautas Mineralwassers. (Seite 58)

Anreise

Sie erreichen Litauen auf dem Landweg über die mittlerweile hervorragenden Autobahnen in Polen. Die Straßenverbindung Berlin-Poznan-Lodz-Warschau-Byalistok-Marijampole (914km) ist gut ausgebaut, und die Strecke Bautzen-Wroclaw-Poznan-Warschau-Marijampole (901km) ist nur unwesentlich kürzer. Die Autobahnen sind zwar mautpflichtig (unter € 20,00 je Strecke), jedoch wird man durch die weitgehend staufreie, entspannte Fahrt entschädigt.

Eine auch sehr entspannte, angenehme Anreise ist die Nutzung einer der Fährverbindungen. Hier ist frühzeitiges

Buchen sinnvoll. Fährtermine um die Wochenmitte sind weniger ausgebucht. Von Deutschland aus gibt es Fährverbindungen der DFDS Seaways (Kiel-Klaipėda, **www.dfdsseaways.de**) und der Stena-Line (Travemünde-Liepāja, **www.stenaline.de**) Weitere Fährverbindungen über Schweden unn Finland stehen mit der Stena-Line (Nynashamn-Ventspils), mit TallinkSilja (Stockholm-Riga, **www.tallinksilja.de**) und über Finnland von TallinkSilja (Helsinki-Tallinn) zur Verfügung. Die Fährverbindung Rostock-Klaipeda der Stena-Line mit einem Umsteiger in Trelleborg ist preislich sehr attraktiv.

1 Ankunft in Klaipeda

ROUTE 1

Das Fährterminal im Überseehafen liegt nicht gerade nahe am Zentrum, sondern ein gutes Stück südlich der Stadt (GPS: N55 39 03.9 E21 08 58.4). Sollten Sie spät abends ankommen, können Sie auf Nachfrage auch hier auf dem Parkplatz übernachten. Ich habe einfach einen der Zöllner an der Abfertigung gefragt.

Damit der Einstieg in meine Routen mit einem gemütlichen Bummel am herrlichen Sandstrand beginnen kann, hätte ich mir einen Wohnmobil-Stellplatz gewünscht. Doch solche Plätze gibt es in den baltischen Ländern bisher nicht. Sie finden aber einen guten Campingplatz. Er liegt im Norden der Stadt. Auf dem Weg dorthin werden Sie mehrere Parkplätze hinter den Dünen der Küste entdecken. Ihren Gang zum Sandstrand können Sie sowohl von dort aus als auch vom Campingplatz aus einplanen. Fahren Sie Richtung Palanga, am deutschen Soldatenfriedhof links ab, dann nach 800 m rechts auf die Pamario g. Entlang der Straße finden sich Parkplätze mit direktem Strandzugang. (**GPS N55 45 43.1 E21 05 07.4** - stellvertretend für weitere Plätze, teils

In der Altstadt

KLAIPĖDA (GIRULIAI) - PAJŪRIO KEMPINGAS

Stellplatzart: Campingplatz
GPS: N55 45 57.6 E21 05 33.3
Adresse: Klaipėda, Šlaito gatvė 3
Tel.: +370 677 73 227
mailto: camping@klaipedainfo.lt
Homepage: www.http://campingklaipeda.lt
Zufahrtinfo: Die Stadt nördlich in Richtung Melnrag/Giruliai/Karkle verlassen. Die Zufahrt zum Platz ist ausgeschildert.
Kurzbeschreibung: Schön im lichten Kiefernwald angelegter Campingplatz mit sehr guter Ausstattung (jeder Wohnmobil-/Caravanplatz hat eigene Strom- und Wasseranschlüsse sowie einen Abwasserausguss. Weiterhin Waschmaschine/Trockner, WiFi im Bereich der Rezeption. Spielplätze, Sportmöglichkeiten.
Sonstiges: Kleiner Wermutstropfen: Hinter dem Campingplatz verläuft die Bahnlinie nach Klaipėda, auf welcher auch nachts ein paar Güterzüge durchrattern. Das allerdings habe ich persönlich nicht als allzu störend empfunden. Übernachtung ca. 26 €.

Hinter der Bahnlinie (nach der Campingzufahrt weiterfahren) können Sie in den Küstenradweg einsteigen und mit Ihrem Rad nach Klaipėda radeln. Karte und Informationen über Klaipeda an der Rezeption.

KARKLĖ - KOPOS

Stellplatzart: Campingplatz
GPS: N55 48 35.7 E21 04 24.9
Adresse: Karklė, Placio gatvė 37
Tel.: +370 687 49456
mailto: info@karkleskopos.lt
Homepage: www.karkleskopos.lt
Zufahrtinfo: Vom vorigen Campingplatz weiter nordwärts in den Nachbarort Karklė fahren. Der Platz liegt rechts der Ortsdurchfahrt.
Kurzbeschreibung: Wiesengelände mit viel Sonne östlich der (wenig befahrenen) Ortsdurchfahrt. 8 Stellplätze mit Stromanschluss, Ver-/Entsorgung. Sanitäranlagen und Aufenthaltsräume im benachbarten Gebäude. Übernachtung ca. 15 €.
Sonstiges: Etwa 400 m zum Strand, unterwegs das neu erbaute Informationszentrum des Küsten-Regionalparks.

SMILTYNĖ - MEERESMUSEUM

Stellplatzart: Parkplatz
GPS: N55 43 02.3 E21 06 05.3
Adresse: Klaipėda, Smiltynės gatvė
Tel.: +370 46 492 250
mailto: ljm@muziejus.lt
Homepage: www.juru.muziejus.lt
Zufahrtinfo: Vom Fähranleger auf der Stichstraße bis zur Einmündung in die Smiltynės gatvė, dann rechts ab bis ans Ende der Straße fahren.
Kurzbeschreibung: Asphaltierter Parkplatz direkt vor den Toren des Meeresmuseums und Delfinariums.
Sonstiges: Dabei müssen Sie entscheiden, ob ein Delfinarium Ihren Vorstellungen entspricht. Immerhin ist eine solche Einrichtung mit Blick auf den Tierschutz und die artgerechte Haltung durchaus in der Kritik.

geschottert, teils asphaltiert (Parkgebühr, tagsüber bewacht). Ruhig ist es hier allerdings nicht. Daher empfehle ich die zwei Campingplätze.

Nach der Hafenausfahrt biege ich nicht gleich links Richtung Zentrum ab, sondern fahre, erst einmal geradeaus und biege beim (gewöhnungsbedürftigen) großen Kreisverkehr links in den Richtung Innenstadt verlaufenden **Taikos Prospektas** ein. Aufgepasst, der große Kreisel verlangt wegen der ungewohnten Verläufe der Fahrspuren zunächst ihre Aufmerksamkeit.

Die Außenbereiche der Stadt, welche Sie auf der Fahrt vom Hafen her zuerst entdecken werden, sehen aus, wie Industrie- und Hafenstädte und die Trabantenstädte meistens aussehen. So manches Gebäude aus sowjetischer Zeit hat allerdings eine wahre Verjüngungskur hinter sich und erstrahlt bereits in modernem Design.

Mittlerweile finden sich gleich mehrere große Einkaufszentren, u.a. die Akropolis, und Tankstellen an dieser vierspurigen Ausfallstraße der Hafenstadt. Angesichts der Größe dieser Einkaufsmeilen bleibt kaum ein Wunsch unerfüllt. Sie haben doch hoffentlich nicht den Stauraum vollständig mit Lebensmitteln aus der Heimat bestückt? Wenn doch - es war umsonst! Denn die Lebensmittelmärkte wie maxima und Rimi bieten ein Sortiment,

Das Arka-Denkmal

Am Hafengebiet

das dem Angebot in Deutschland durchaus überlegen ist. Mag sein, dass die Sprache ein Hindernis ist. Aber lecker ist eigentlich fast alles. Und Sie finden sicher einen freundlichen Litauer oder eine Litauerin, die gerne behilflich sind.

In Litauen zahlen Sie bequem mit Ihrer Girocard oder Kreditkarte, und zwar alles und überall. Sie müssen sich nicht einmal mehr Auslandsgebühren für Ihre Kartenzahlungen entrichten. Da sage einer, die EU biete keine Vorteile.

Produkte, die wir in Westeuropa schätzen, sind nicht günstiger, sondern eher teurer als zu Hause. Der Diesel ist jedoch noch um einige Cent günstiger, als hier.

Wenn nun also das Wichtigste im Kühlschrank schlummert und der Tank gefüllt wurde, ist sicher auch Ihnen daran gelegen, der größten Hafenstadt Litauens etwas Zeit zu widmen.

Eines Vorweg: In Litauen hat man verstanden, dass man mit dem Parken Geld verdienen kann. In den Städten sind kostenlose Parkplätze im Zentrum meist nicht zu finden. Allerdings sind die Parkgebühren oft gering, und man kann sie oft per App bezahlen. Zentrumsnahe, gebührenpflichtige Parkplätze finden Sie kurz vor der Brücke über die Danė links nahe der Ruine der Ordensburg (Pilies gatvė Richtung Kreuzfahrer-Terminal abbiegen/ausgeschildert, **GPS N55 42 18.7 E21 07 56.8**).

Ein Wahrzeichen der Stadt, die "Meridianas" an der Danė

Eine weitere Möglichkeit besteht nahe der alten Personenfähre übers Haff nach **Smyltinė (GPS: N55 42 26.9 E21 07 44.6**, Žvejų gatvė). In Klaipeda kostenlos parken konnte ich nur auf dem Parkplatz des Einkaufszentrums Akropolis in der Taikos gatve. Von hier aus ist man in wenigen Minuten mit dem Rad in der Altstadt. Es macht aus Kostengründen keinen Sinn, einen der kostenpflichtigen Plätze zu nutzen, wenn Sie hier übernachten möchten. Sie kommen dann fast auf denselben Preis, wie auf einem der empfohlenen Campingplätze.

Ein schöner Parkplatz in der Nähe der Hafenmole befindet sich in der Vetros gatve im Stadtteil Melnrage. Er ist nur zwischen 10 und 20 Uhr kostenpflichtig, und ich habe hier sogar übernachtet. Der Strand ist wunderbar und man kann die Schiffe aus dem Hafen von Klaipeda ein- und auslaufen sehen. Der Strandparkplatz ist auch bei Kitesurfern sehr beliebt, leider auch bei der in Litauen sehr agilen Poser-Szene.

Sehenswertes in Klaipėda (Memel)

Hier fängt Litauen an! So steht es auf einem Prospekt für den Stadtrundgang zu lesen, den Sie in der Tourist Information in der Turgaus gatvė 7 erhalten, mitten in der überschaubaren Altstadt. Zunächst möchte ich den Hinweis geben, dass alle wichtigen Sehenswürdigkeiten der mit rund 180.000 Einwohnern drittgrößten Stadt Litauens in überschaubarer Zeit zu Fuß zu entdecken sind. Es führte zu weit, hier auf alle Sehenswürdigkeiten detailliert einzugehen. Doch auf dem kleinen Stadtrundgang werden Sie die wichtigsten davon mit mir entdecken und zugleich eigene

Sonnenuntergang am Strand von Melnrage

Entdeckungen machen. Die Stadt geht auf die „Memelburg" des Deutschordens aus dem 13. Jh. zurück, die an diesem strategischen Ort erbaut worden war. Schließlich ließ sich von hier die Ausfahrt aus dem Kurischen Haff in die Ostsee gut bewachen. Im Lauf der Jahrhunderte „bediente" sich dennoch jeder, der meinte gute Truppen zu haben, der Stadt. So war Memel mal russisch, mal schwedisch, polnisch und recht lange Zeit deutsch. Übrigens war die Stadt nach Napoleons kurzer französischer Besetzung anstelle Berlins auch ein Jahr lang preußische Hauptstadt.

Heute ist hier der wichtigste litauische Handelshafen und zugleich die Anlaufstelle für die Fähren unter anderem aus Deutschland. Nicht nur deshalb ist die Stadt auch aus touristischen Aspekten von Bedeutung.

Starten Sie mit mir an der Ruine der Ordensburg. Auf alle Fälle sollten Sie einen Blick ins Burgmuseum werfen (**Öffnungszeiten/ Info**: Mi-So 10-18h, Tel. +370 46 410527, info@mlimuziejus.lt, www.mlimuziejus.lt,). In den Gewölben unter den Bastionen gibt es, neben Informationen zur Geschichte der Stadt und der Burg, Waffen und Ausrüstungsgegenstände des täglichen Lebens aus Zeiten zu sehen, als hier noch die Ritter residierten. Eintritt: ca. € 3,00/Erw.

Jenseits der Pilies gatvė, in Verlängerung der Žveju g., erreichen Sie den Europaplatz mit einem kleinen Park. Von dort ist in wenigen Schritten nach rechts der Theaterplatz erreicht, wo sich noch im 18. Jh. Burg- und Wassergräben befanden. Auf dem Platz vor dem Theater lernen Sie die wohl bekannteste Dame der Stadt kennen: Simon Dachs Herzensdame **Ännchen von Tharau** steht mit fast schüchtern geneigtem Haupt auf dem Brunnensockel vor dem frisch renovierten Theater.

Auf dem Vorplatz finden Sie an einem der Verkaufsstände sicher auch Sie Ihr Bernsteinsouvenir. Und wenn nicht, dann versuchen Sie es im Bernstein-Museum „Amber Queen" (Turgaus g. 3) auf dem Weg zur Tourist Information. Das Angebot in den Restaurants am Theaterplatz ist ansprechend, und der Blick auf das Theater und Ännchen von Tharau lassen den Fisch noch einmal so gut munden. Es ist erstaunlich, wie nach den Zerstörungen des Krieges, aber auch der Sowjetzeit, die ehemalige deutsche Grenzstadt Memel einen neuen alten Charme entwickeln konnte. In den Nebenstraßen der Turgaus gatvė findet man fachwerkverzierte Speicherhäuser, dann wieder prunkvolle Jugendstilhäuser.

Wenn Sie von der Tourist Information weiter geradeaus gehen, gelangen Sie an das leere Trümmergrundstück der St.

EIN HINWEIS FÜR RADLER

Holen Sie sich in der Tourist Information die Radkarte 1:25.000. Sie beinhaltet vielfältige Touren, teils in der Stadt, teils an Stränden und durch die Wälder nördlich sowie in südlicher Richtung bis ins Memel-Mündungsgebiet und auf der Kurischen Nehrung.

Johannes Kirche, deren Grundriss heute noch von einer Hecke gekennzeichnet wird. Diese soll jedoch in absehbarer Zeit dem wiederaufgebauten Gotteshaus weichen.

Wenige Schritte weiter befinden sich Reste der ehemals mächtigen Stadtbefestigung mit Bastionen und Wassergräben. Geht man von dort links ab, erreicht man die Danė und gelangt an deren Ufer zur Windjammer Meridianas (Bild), die 2013 restauriert wurde und heute wieder ein gutes Fischrestaurant beherbergt. Am Eckgrundstück der Tiltų gatvė steht ein prächtiges, ehemaliges Bankgebäude, jenseits der Danė das Denkmal Arka (Bogen) mit dem Schriftzug „Wir sind ein Volk, ein Land, ein Litauen" der Schriftstellerin I. Simonaitytė. Ein Stück weiter links (flussabwärts) steht das klassizistische Rathaus, das während der Zeit, als Memel preußische Hauptstadt war, dem Königspaar Friedrich Wilhelm III. mit Gemahlin Luise als Residenz diente. Etwas weiter entfernt verläuft die Lindenallee (Liepų gatvė) mit schmucken

In der Altstadt am Theaterplatz

Häusern parallel zur Danė. Eines der eindrucksvollsten Gebäude ist die Post.

Sind Sie samstags oder sonntags hier, können Sie zur Mittagszeit dem Glockenspiel lauschen. Nebenan findet sich das Uhrenmuseum - das einzige in Litauen (Liepų gatvė 12, Tel. +370 46 41 04 14). Gehen Sie links weiter, gelangen Sie in den Skulpturenpark, der 1977 bei der K. Doneleicių gatvė angelegt.

Klaipėda hat neben dem Burgmuseum noch weitere Museen zu bieten. Besonders hervorheben möchte ich das Historische Museum Kleinlitauens in der Didžioji gatvė 6 (Tel. +370 46 41 05 24)

Das **Schmiedemuseum** finden Sie am alten Markt (Šaltkavių gatvė 2, Tel. +370 46 41 05 276), das **Litauische Kunstmuseum** in der Liepų gatvė nördlich der Danė, den botanischen Garten in der Kretingos gatvė.

Auf die Nehrung (Neringa)

Ob Sie mit oder ohne Ihr fahrbares Urlaubshotel übergesetzt sind, weiß ich nicht. Ich habe das Ganze jedenfalls mit dem Wohnmobil für Sie erkundet und beginne die Fahrt über die Kurische Nehrung an deren Nordpitze in **Smiltynė.** Vom Fähranleger führt eine Zufahrt zur Straße, welche die Dünenlandschaft bis hinab

Ännchen von Tarau

HINWEISE FÜR IHREN AUSFLUG AUF DIE KURISCHE NEHRUNG

Wenn Sie einen (Kurz-)Besuch auf der Nehrung machen möchten, gilt es zu planen. Von Klaipėda aus startet die preisgünstige **Personenfähre**. Die Fähre bringt Sie von der Altstadt für wenig Geld auf die Nehrung. Vergessen Sie nicht Ihre Badesachen. Wenn Sie gern radeln, sollten Sie auch Fahrräder mitnehmen. Auch damit lässt sich die Nehrung bestens und gemütlich „erfahren".

Ist dagegen Ihr Reisemobil Ihre Wahl für den Abstecher auf die Kurische Nehrung, fahren Sie zum Fährterminal direkt neben dem DFDS Terminal und setzen über (**GPS N55° 41' 16.6' E21° 08' 24.1**'/Varnenu gatvė). Erschrecken Sie nicht - die Überfahrt ist zwar kurz, aber nicht ganz billig, zumindest für größere Wohnmobile: Bis 3,5 t zahlen Sie (Stand 2019) € 25,40, bis 12 t € 29,20. Dafür fahren die Schiffe in kurzer Taktfrequenz zum Ziel. Mit dem Fährpreis haben Sie allerdings gleich die Hin- und Rückfahrt zusammen bezahlt. So sieht das Loch im Geldbeutel versöhnlicher aus.

Doch planen Sie auch gleich mit ein, dass die lokale Maut für den Nationalpark in der Sommersaison noch einmal € 30,00 zu Buche schlägt.

Der Campingplatz in Nida (Nidden) ist ein moderner, gut ausgestatteter Platz, aber wiederum nicht eben billig. Es ist der einzige Platz im Nationalpark. **Camping außerhalb von Campingplätzen ist im Nationalpark übrigens grundsätzlich verboten**. So kann es in der Hauptsaison und an schönen Wochenenden hier schon ziemlich eng werden.

Da man auf dem Campingplatz **nicht reservieren kann**, darf man auf offiziellen (öffentlichen) Parkplätzen eine Nacht stehen, wie mir die Polizei ausdrücklich bestätigte (Parkgebühr ist natürlich zu entrichten und kein Campingverhalten zu zeigen - die Strafen wären empfindlich!).

VERBINDUNGEN FÜR IHRE ÜBERFAHRT/KONTAKTDATEN

Für die **Fähren ab Klaipeda** zeichnet Smiltynės Perkėla verantwortlich. Die Schiffe setzen in kurzen Abständen über.
www.keltas.lt, Tel. +370 46 365018, mailto: leidimai@keltas.lt.

Auf der Weiterreise können Sie auch später noch auf die Nehrung gelangen: Wenn Sie nicht die ganze Nehrung mit dem Fahrzeug erkunden möchten, ist eine **Bootstour von Derverna oder Ventė** aus eine Überlegung wert (siehe Campingplatztipps). Sie schippern dann mit dem Ausflugsboot morgens übers Haff, können sich in Ruhe Nida oder Juodkrante anschauen und gelangen gegen Abend wieder mit dem Boot zum Campingplatz zurück - keine schlechte Alternative, wie uns Leser und Freunde bestätigten.

an die russische Grenze verbindet. Hier biege ich rechts ab und kurve bis zum Parkplatz beim **Litauischen Meeresmuseum** und **Delfinarium**. Sofern Sie Zeit und Interesse haben, können Sie auf dem kostenpflichtigen Parkplatz (1h/0,90€) bleiben, denn es ist ein öffentlicher Parkplatz. Sind Sie mit der „kleinen Fähre" übergesetzt, können Sie entweder gemütlich entlang der Promenade zum Ziel gelangen oder sich mit einer der Pferdekutschen vorbei an den ausgestellten Fischerbooten zum Ziel bringen lassen. Ein

Besuch beider Attraktionen lohnt sich. Bei gutem Wetter sollten Sie die Ostseeseite der Nehrung aufsuchen. Genießen Sie den endlosen Sandstrand und schauen den Ozeanriesen beim Ein- und Auslaufen in oder aus dem Hafen zu.

Hat man die Düne überquert, verliert sich das Blau des Meeres in der Ferne - ein herrlicher Kontrast zum weißen Traumstrand! Der Parkplatz (**GPS N55 40 38.8 E21 06 16.0**) dient für einen schönen Strandtag. Es wäre auch schön über Nacht. Dagegen spricht aber das **strikte Nachtparkverbot**.

Die Dünen Hageno kalnas (36 m, südlich des Anlegers der Fähre) und Neringos kalnas (31 m, noch etwas weiter südlich an der Nationalparkgrenze auf einem guten Weg zu erreichen) sind der Aussicht wegen ein schönes Ziel fürs Wandern oder Radeln. Die Straße nach Nida führt durch Kiefernwälder. Von einem Parkplatz (Kurzparkzone) führt ein kurzer Fußweg zu einer Aussichtsplattform, die einen herrlichen Blick übers Haff nach Klaipėda eröffnet (Bild unten). Es folgt die Mautstelle für den Nationalpark, wo die Nationalparksteuer zu entrichten ist, bevor sich der Schlagbaum öffnet.

ROUTE 1

Das Fischerdorf **Juodkrantė (Schwarzort)** hat einen liebenswerten Charme über die Zeit gerettet. Reservieren Sie etwas von Ihrer Urlaubszeit hier. Uns gefällt der Ort fast besser als das südlich gelegene, weitaus bekanntere **Nida (Nidden)**. Die hölzernen Fischerkaten, die Backsteinkirche, die gepflegten Restaurants und nicht zuletzt der sehr gute Fisch, der für vergleichsweise wenig Geld auf den Teller wandert (oder geräuchert in die Tüte), haben es uns angetan. All das und die weitläufige Strandpromenade lassen schnell Urlaubsgefühle aufkeimen. Das Fahrzeug wartet derweil auf dem großen Parkplatz an der

Auf der Fähre zur Nehrung (Neringa)

- NIDOS KEMPINGAS

Stellplatzart: .... Campingplatz
GPS: N55 17 55.4 E20 58 58.8
Adresse: .... Nida (Nidden), Taikos gatvė 45
Tel.: .... +370 469 52 045 oder 682 41 150
mailto: .... info@kempingas.lt
Homepage: .... www.kempingas.lt
Zufahrtinfo: Die zweite Ortszufahrt nehmen, dann rechts ausgeschildert.
Kurzbeschreibung: Großes Gelände mit Busch- und Baumbestand, Ver-/ Entsorgungsstation, Restaurant, Hunde erlaubt. Übernachtung ca. 23 €.
Öffnungszeiten: Mai bis Sept.
Sonstiges: Besonders zur Hauptsaison ist die Platzkapazität zu knapp. In diesen Fällen wird, weil eine **Reservierung nicht möglich** ist, eine Übernachtung auch außerhalb des Campingplatzes geduldet (aber dann natürlich ohne Campingverhalten).

südlichen Ortsausfahrt mit Blick auf ein Segelschiff (Restaurants! - **GPS** N 55 32 01.0 E 21 07 03.3).

Pervalka und **Preila** liegen abseits auf der windgeschützten Haffseite hinter dem Elchwald. In diesem sollen zahlreiche dieser Tiere leben. Trotz mehrfacher, hoffnungsvoller Versuche bekam ich bisher hier noch keinen Elch zu sehen. Ein Besuch in den Dörfern lohnt sich allein der Atmosphäre wegen, doch sind beide Orte angesichts weniger Parkplätze kaum für Wohnmobile geeignet. Umso schöner ist eine Radtour oder auch eine ausgedehnte Wanderung von Nida aus hierhin. Dazu später mehr. Unterwegs können, ja sollten Sie einen Abstecher zur Ostseeseite machen. Mehrere Parkplätze stehen zur Verfügung, unter anderem der **Parkplatz in Höhe Pervalka**, (**GPS** N55 25 14.0 E21 03 37.2).

Abendstimmung an der Pernidder Düne

TIPP FÜR RADFAHRFREUNDE

Den Fahrradfreunden sei gesagt, dass man auf der Kurischen Nehrung besonders an Sie gedacht hat: Vom Parkplatz am Maritimen Museum in Smyltinė bis nach Nida verläuft - fast durchweg abseits der Autostraße - ein gut ausgebauter Fahrradweg.

Der Drahtesel ist vielleicht das beste Verkehrsmittel, um die einzigartige Ruhe und Natur der Kurischen Nehrung zu erleben und doch einigermaßen zügig vorwärts zu kommen.

Eine informative Radwegkarte erhalten Sie in den Tourist Informationsbüros in allen beschriebenen Orten. Oder Sie greifen auf die gute Broschüre „Entdecke das Land der drei Wasser" über den litauischen Küstenradweg, das auch die Festlandseite des Haffs umfasst, zurück (in den Tourist Informationen erhältlich).

ROUTE 1

Doch hier geht es an schönen Wochenenden lebhaft zu, wenn die Menschen von weit her auf die Nehrung strömen. Aber mit etwas Geduld finden Sie ein Plätzchen, um den Traumstrand zu genießen. Es gibt noch weitere Parkplätze, bis nach gut 45 km - das Totalreservat liegt längst hinter Ihnen - **Nida (Nidden)** erreicht ist. Dort erwartet Sie der erwähnte Campingplatz mit gutem Standard - und hoffentlich einem freien Platz für Sie.

2 Sehenswertes in Nida (Nidden)

Auch Nida ist mit seinen Fischerhäusern mit den typischen blauen Randbalken und Fenstereinfassungen eine Reise wert. Nicht umsonst hat **Thomas Mann** seine Sommerfrische hier gesucht. Sein Haus (Bild unten) ist heute ein **Museum**, das Lesungen aus seinen Werken, Kunstwerke verschiedener Stilrichtungen und thematische Ausstellungen beinhaltet. **Öffnungszeiten/Info:** Mitte Mai-Mitte Sept. tgl. 10^{00}-18^{00}, sonst Di-Sa 10^{00}-17^{00}, Tel. +370/469 552260, mailto: mann@mann.lt, www.mann.lt

Wenn Sie nach dem Museumsbesuch über die Strandpromenade in den Ort spazieren, achten Sie auf die gemütlichen Häuser und das pulsierende Ferientreiben. Genießen Sie den Blick aufs Haff. Früher fuhren die Fischer mit den Kurenkähnen hinaus, die mit Kurenwimpeln Auskunft über den Besitzer und seine Familie gaben. Heute sieht man die hölzernen Zeichen an Land und an der Promenade, wo der gemütliche Herr aus Bronze die Besucher

WANDERN IN NIDA

Ich bin vom Campingplatz zur Abenddämmerung gleich rechts ab auf die Pernidder Düne gewandert, um zunächst den Ausblick zu genießen (ca. 20 Minuten). Von dort führen gute Wege nach Nida, wo ich einen Stadtbummel und die abendliche Einkehr in einem Restaurant anschloss, um einen herrlichen Fisch zu genießen. Folgt man dann der Straße, die vom Campingplatz in den Ort führt zur Ostseeseite hin, führt ein Wanderweg über die Straße hinweg zum unglaublich schönen Sandstrand, der abschließend zum Verweilen einlädt, bevor man nochmals gut 20 Minuten Fußweg zum Campingplatz zurückzulegen hat.
Dauer: etwa 2 Stunden - je nachdem, wie viel Zeit Sie fürs Fotografieren und Genießen einplanen. Weitere Wandertipps erhalten Sie im Infozentrum des Nationalparks.

mit seiner Musik zu unterhalten scheint. Das Denkmal ist eine Hommage an den Musiker und Kabarettisten Vytautas Kernagis.

Ein absolutes Muss ist die **Parnidžoi (Pernidder) Düne.** Sie ist vom Campingplatz oder vom Ort her in 30-45 Min. Gehzeit auf bequemen Pfaden zu erreichen. Ein Mountainbike ist auch hier eine gute Alternative. Die Aussichtsplattform bietet einen überwältigenden Blick auf die Dünen und Wälder der Nehrung, auf das Haff, im Westen auf die Ostsee. Im Süden schweift der Blick über die stark bewachte russische Grenze in den zum Bezirk Ka-

Ein Restaurant am Hafen

Die Promenade am Haff

liningrad (Königsberg) gehörenden Südteil der Nehrung. Südlich von Nida, an der russischen Grenze ins ehemalige Ostpreußen, ist für die meisten Besucher Endstation. So bleibt für die Rückfahrt nur der bekannte Weg bis **Klaipėda**. Wenn Sie es noch nicht auf die Ostseeseite geschafft haben - hier genießt man 50 km fast durchgehenden Sandstrand. Sollte der Wettergott Ihnen nicht gewogen sein, trösten Sie sich mit einem Fischmenü in einem Restaurant, suchen das Bernstein- oder Geschichtsmuseum

Blick auf die Dünen

Die typischen, bunten Holzhäuser auf der Nehrung

ROUTE 1

in Nida auf, das Fischermuseum oder, wie schon erwähnt, das Thomas-Mann-Haus. Langeweile sollte nicht aufkommen. Wenn doch, sind Sie in einer knappen Stunde wieder in Smyltinė auf der Fähre und setzen übers Haff wieder über nach **Klaipėda**.

Auf die Ostseite des Kurischen Haffs

Da ich die Stadt schon zuvor besucht hatte, fahre ich in südöstlicher Richtung aus Klaipėda heraus. Die Straße (bis kurz vor Priekulė vierspurig ausgebaut) führt mich zügig voran. Nun steht die Fahrt ans Kurische Haff auf meinem Plan.

In **Priekulė** zweigt ein mittlerweile asphaltiertes Sträßchen rechts ab. Einen ersten Halt lege ich nach etwa 5 km ein, sobald der ehemalige **Kaiser-Wilhelm-Kanal** überquert ist.

Gleich nach der Brücke ist links ein schöner Picknickplatz nebst Informationstafel eingerichtet. Dieser lädt zum Verweilen oder vielleicht auch zu einem Spaziergang auf dem früheren Treidelpfad entlang des Kanals ein. Und bei Bedarf ist das ein passabler Übernachtungsplatz für Freunde schöner freier Plätze.

Folgt man dem Sträßchen weiter nach Dreverna, so findet man hier einen ganz neuen, wunderschön gelegenen Platz direkt am Haff. Der Ausblick aufs Haff war so schön, dass ich hier eine zweite Nacht blieb.

Von Dreverna aus erreicht man rasch Svencelė. Dort sind Kite-Surfer und Wasserski Fahrer bestens aufgehoben. Wer Interesse hat, kann auch Kurse für Kite-Surfing und Wasserski belegen. Sofern Sie Svencelė auslassen und direkt den Campingplatz Ventainė ansteuern möchten, fahren Sie von Priekulė auf der

Der Kaiser-Wilhelm-Kanal

DREVERNA - KAISER-WILHELM-KANAL

Stellplatzart: .... Parkplatz
GPS: N55 32 13.8 E21 14 53.9
Adresse: .... Dreverna, an der 2206
Zufahrtinfo: In Priekulė rechts ab Richtung Svencelė. Nach 5 km überquert man den Kanal, direkt nach der Brücke links die Parkplatzeinfahrt.
Kurzbeschreibung: Parkplatz auf der früheren Trasse der Nebenstraße mit mehreren Picknickbänken und Informationstafeln über den Kanal, der 1863-73 unter Kaiser Wilhelm I. zur Vereinfachung des Holztransports in den Hafen bis Klaipėda gebaut wurde.
Sonstiges: Auf der dem Parkplatz abgewandten Seite des Kanals verläuft beiderseits ein Fahrweg, den man ein Stück weit als Spazierweg nutzen und so die schöne Landschaft des Memellands genießen kann.

DREVERNA - HAFEN

Stellplatzart: .... Campingplatz
GPS: N55 31 01.5 E21 14 10.0
Adresse: .... Dreverna, direkt am Hafen (Uostas)
Zufahrtinfo: In Dreverna der Ausschilderung zum Hafen (Uostas) folgen.
Kurzbeschreibung: 2018 eröffneter Platz im Hafen mit V/E, WiFi, Dusche/ WC Lagerfeuer, Imbiss, Bootsvermietung und Badestrand.
Sonstiges: Die Fähre nach Juodkrante auf der Nehrung fährt täglich, ist aber wetterabhängig. Auch Ausflüge auf das Haff sind möglich. Der Aussichtsturm (15 Meter) bietet einen grandiosen Blick übers Haff. Übernachtung ca. 25 Euro.
Ein weiterer Stellplatz befindet sich auf dem Gelände des Etnographischen Museums. Žvejų g. 13, Dreverna, N55 31 03.4 E21 14 24.3, +370 46 326173

gut ausgebauten 141 weiter in südlicher Richtung und biegen in Silutė auf die 4217 ab. Sie führt in westlicher Richtung bis zur Straße, die rechts nach Kintai und links ab weiter südwärts nach

Der Campingplatz am Hafen von Dreverna

ROUTE 1

Ventė führt. In Kintai finden Sie schmucke, frisch restaurierte Kurenhäuser. Sehenswert ist auch die Kirche.

Etwas südlich von Kintai liegt im Schatten alter Bäume ein alter Friedhof mit Gräbern deutscher Einwohner vom Ende des 19. Jh. Noch wenige Minuten sind es zum Campingplatz Ventainė, oder weiter zur Landspitze im ehemaligen **Windenburg**, heute **Ventė**. Dort sollten Sie sich etwas Zeit nehmen.

3 Von Ventainė nach Ventes Ragas

Nutzen Sie die Gelegenheit, vom Campingplatz einen Spaziergang oder eine kleine Radtour nach Ventė zu machen. Gemütlich, und immer wieder die schöne Aussicht genießend, gelangt man an zerstreut liegenden Bauernhäusern in rund einer halben Stunde zur Landspitze.

Neben dem Parkplatz vor dem Ende der Fahrstraße liegt wiederum ein stimmungsvoller, alter Friedhof, auf dem zahlreiche deutsche Einwohner von Ventė um das Ende des 19. und bis ins 20. Jahrhundert hinein ihre letzte Ruhe gefunden haben. Am Parkplatz finden Sie einen Kiosk mit sehr gutsortiertem Lebensmittelangebot und bestem, erstklassigen Räucherfisch. Auf dem Weg zur Landspitze können Sie auch die Aussichtsplattform

Der Leuchtturm von Ventes Ragas (Windenburger Eck)

VENTAINĖ - RESTAURANT

Stellplatzart: Campingplatz/Restaurant
GPS: N55 21 21.2 E21 12 18.2
Adresse: Ventė, Ventainė
Tel.: +370 441 68525 oder 686 70 490
mailto: info@ventaine.lt
Homepage: www.ventaine.lt
Zufahrtinfo: Von Kintai der Straße Richtung Süden folgen.
Kurzbeschreibung: Wiesengelände mit wenig Schatten. Stromanschlüsse und Wasserhähne an den Wohnmobil-Stellplätzen, Entsorgungsstelle. Übernachtung ca. 25 €. Im Juli und August gibt es Fährverbindung vom Campingplatz nach Nida auf der Kiruschen Nehrung.
Öffnungszeiten: Ganzjährig.
Sonstiges: Restaurant mit preisgünstigen, guten Fischgerichten. Für kleine, friedliche Hunde wird schon mal eine Ausnahme vom Hundeverbot gemacht.

VENTĖ - VENTES RAGAS

Stellplatzart: Parkplatz
GPS: N55 20 42.4 E21 11 38.6
Adresse: Ventė
Zufahrtinfo: Vom Campingplatz Ventainė weiter in südlicher Richtung zur Landspitze. Der Parkplatz liegt vor dem Fahrverbot links.
Kurzbeschreibung: Asphaltierter, kostenpflichtiger Parkplatz mit einem Kiosk/Lebensmittelladen. Benachbart Aussichtsturm und kleine Badestrände.

ROUTE 1

Störche sind hier überall

Am Haff

besteigen, die Ihnen einen herrlichen Ausblick auf die Kurische Nehrung eröffnet. Mit der Landspitze erwartet Sie einer der vielleicht schönsten Plätze in Litauen. Nach links eröffnet sich ein Blick ins Memel-Delta, und auf der anderen Seite über das Haff zur Kurischen Nehrung. Die Netze, die über die Grasflächen gespannt sind, dienen nicht Vogelfängern, die eine Delikatesse zuzubereiten gedenken, sondern einer Forschungsstation. Die Vögel werden beringt und die Wanderungsdaten anhand der Nummern nachverfolgt. Etwas nördlich des Campingplatzes Ventainė finden Freunde stilvoller Einkehr mit regionalem Akzent mit dem Restaurant **Šturmų švyturys (Tel +370 650 29420, info@sturmusvyturys.lt, www.sturmusvyturys.lt)** eine weitere Einkehrmöglichkeit. Hier wird in einem wieder hergerichteten, alten Gebäude ein empfehlenswertes Restaurant betrieben, in dem Sie prima die regionale Küche Litauens testen können, die in dieser Region natürlich stark von guten Fischgerichten geprägt ist. Vom Restaurant (prüfen Sie erst, ob Sie im Hof genug Platz für Ihr Wohnmobil finden) ist es nicht weit bis zu einer Kreuzung, an der die Route Richtung Silutė (Heydekrug) rechts abzweigt. Folgen Sie dieser Straße, die Sie schon von der Anreise kennen.

Vermutlich werden die meisten von Ihnen eher die „normale", mittlerweile asphaltierte, Straße kurz vor Kintai rechts ab und dann weiter Richtung Šilutė (Heydekrug) fahren. Es sind allerdings nur wenige Minuten, dann sollten Sie einen Halt beim **Aukštumala Moorgebiet** einlegen, um eine kleine Wanderung zu machen.

Nach der Wanderung ist bald wieder die 141 erreicht, auf die ich rechts ab einschwenke und auf Šilutė (Heydekrug) zuhalte. Leider ist von dem ehemals schmucken Städtchen durch die Zerstörungen des letzten Krieges und die Erstellung sowjetischer Einheits-Plattenbauten nicht viel Sehenswertes übrig geblieben.

INS AUKŠTUMALA MOORGEBIET

Der 1,7 km lange Wanderweg, der teils auf Holzbohlen durch das Moor bis zu einem Tier- und Vogelbeobachtungsturm verläuft, beginnt etwas nordöstlich der Lagune **Krokų Lanka**. Am Ziel des Weges müssen Sie steil die Treppe, ja fast Leiter hinaufklettern und können dann eine herrliche Aussicht über das für ein Sumpfgebiet typisches, kärglich bewachsene Moorgebiet genießen - wenn Sie nicht von plötzlich einsetzendem Blitz und Donner vom Turm verjagt werden, wie ich. Auch wenn ich mich noch so beeilte, erwischte mich ein nur wenige Minuten dauernder, aber umso heftigerer Gewitterguss. Aber schön war es trotzdem!
Übrigens gibt es hier unter anderem auch Kreuzottern. Es ist deshalb kein Schaden, sich mit Wanderschuhen und langen Hosen auf den Weg zu machen. Sicher ist sicher!

Es lohnt sich dennoch, aufmerksam einmal die Hauptdurchgangsstraße entlang zu fahren oder zu gehen.

Sehenswert ist die gelbe Stahlgitterbrücke, über welche Sie mir Richtung Insel Rusnė folgen können - ein übrigens empfehlenswerter Abstecher. Bei der Tourist Information, die in einer schön hergerichteten, alten Häuserreihe auf der rechten Seite liegt, macht der Vorplatz einen schönen Eindruck. Etwas weiter stadteinwärts liegt das ehemalige Gasthaus Heydekrug, das mittlerweile wieder die Aufschrift „Heydekrug" und auch „Memel" trägt - in Anlehnung an die alte Verbindungsstraße nach Klaipėda, der heutigen 141. Hier konnten sich Ross und Reiter vor der Weiterreise stärken, bevor es in die sumpfigen Gebiete entlang der Memel und des Haffs ging. Der Kaufmann Hugo Scheu hatte im 19./20. Jh. Alltagsgegenstände des Memellandes gesammelt, die heute im Museum zu bestaunen sind (Lietuvininkų gatvė 36, Di-Sa 09^{00}-17^{00} h).

Einige Schritte weiter reckt sich der Turm der neugotischen evangelischen Kirche zwischen großen Bäumen empor. Das Gotteshaus mit einem sehenswerten Inneren, unter anderem einmaligen Fresken, wurde 1926 eingeweiht. Ansonsten dürfte Ihnen das Städtchen vor allem als Einkaufsort und Kreuzungspunkt dieser Route dienen, wobei ich mich zunächst dem Abstecher auf Litauens einzige größere Insel widmen möchte: **Rusnė (Russ)**. Insel ist deshalb angemessen zu sagen, weil sich drei große Mündungsarme des **Nemunas (Memel)** im Delta verzweigen: Atmata (Atmath), Pakalnė und im Süden die Skyrvitė, die zugleich die Grenze zum russischen Kaliningrad (ehem. Ostpreußen) darstellt.

Abstecher auf die Insel Rusnė (Russ)

Zunächst sei darauf hingewiesen, dass ich für Sie einen Campingplatz gefunden habe. Dazu kommen vor Ort einige zur Übernachtung geeignete Plätze, beispielsweise am Hafen. Fragen Sie jeweils vor Ort nach. Wenn der Platz Ihrer Wahl feststeht, können Sie sich der Rundfahrt um die Insel widmen. Zunächst ist der Ort **Rusnė (Russ)** selbst von Interesse. Dort können Sie durch den um die ehemals schmucke Kirche angelegten Park spazieren und die Grabsteine der ursprünglich norwegischen Kaufmannsfamilie Ancker bewundern. Johann Friedrich Ancker hatte sich um die Bevölkerung der Insel verdient gemacht, indem er sich nach einer Hochwasserkatastrophe um die Anlage der Polder und Entwässerungssysteme kümmerte.

ŠIŠĖ - ŽVEIJU SODYBA

Stellplatzart: Campingplatz
GPS: N55 19 07.1 E21 23 17.0
Adresse: Šišė - Žveiju Sodyba
Tel.: +370 686 86599
mailto: info@sysossodyba.lt
Homepage: www.sysossodyba.lt
Zufahrtinfo: Direkt nach der Brücke über die Atmata rechts ab, an der Einmündung rechts halten und dann 1,8 km auf holpriger, aber bei vorsichtiger Fahrweise problemloser Schotterpiste fahren. Die Einfahrt zum Gelände ist eng. Vorsicht wegen überhängender Zweige einer Weide.
Kurzbeschreibung: Schönes Privatgelände an der Atmata mit Gästehäusern im Blockhausstil und schöner Campingwiese. Übernachtnung 15,00 € inkl. Strom/Wasser.
Sonstiges: Etwa 400 m weiter finden Sie auf der linken Seite einen schönen, alten Friedhof mit einigen erhaltenen Gräbern deutscher Einwohner. Der Friedhof wird mittlerweile von Einheimischen gepflegt.

Die Kirche wurde nach der politischen Wende zunächst wieder als solche geweiht, nachdem sie zu Sowjetzeiten zeitweise als Lagerhaus und Heizungsraum genutzt worden war. Mittlerweile ist sie aber wegen Baufälligkeit nicht mehr zugänglich.

Eine Sehenswürdigkeit ersten Ranges ist jedoch das **Ethnografische Museum** im Ortsteil Skyrvitėlė, Skyrvitėlės gatvė 8-9, täglich offen 11^{00}-17^{00} h, So 11^{00}-16^{00} h. (**GPS N55 17 38.2 E21 21 44.3**). Das alte, typische Bauernhaus nebst Nebengebäuden beherbergt ein Bauernhofmuseum, das sich mit der wechselvollen Geschichte des Ortes und der Bewohner befasst. Es wird auch sehr gerne von ehemaligen deutschen Bewohnern bzw. deren Nachfahren besucht, wie man an den hinterlassenen Visitenkarten unschwer erkennen kann. Fahren Sie an der Kirche vorbei und dann gleich rechts ab, nach der Tankstelle wieder rechts und zur Allee. Dort zweite Abzweigung rechts ab nehmen.

Zurück am Ortseingang, starten Sie die Inselrundfahrt Richtung **Pakalnė** (Pokallna) und können dort den beschriebenen Stellplatz ansteuern und entlang des gleichnamigen Flusses spazieren gehen oder eine kleine Wanderung machen, um die Ruhe der Natur zu genießen.

Im Ort können Sie weiter Richtung **Uostadvaris** fahren (mittlerweile asphaltiert). Sind Sie dort angekommen, achten Sie im Zentrum des Dorfes auf die Abzweigung links ab. Die breit ausgebaute Asphaltpiste führt geradewegs zum Leuchtturm, den Sie besteigen und die Aussicht hinüber nach Nida auf der Kurischen Nehrung genießen können. Ein geringes Eintrittsgeld ist die Sache allemal wert.

Biegt man kurz vor dem Leuchtturm links ab und folgt dem Hinweisschild auf eine weitere Sehenswürdigkeit, steht man vor der Tür des **alten Pumpwerks**, das als Museum ausgebaut wurde. Die Öffnungszeiten und Eintrittsgebühr stehen noch nicht fest. Die alte Dampfmaschine, welche die Pumpe bis zum Ende des I. Weltkriegs angetrieben hatte, ist ebenso sehenswert wie die Ausstellung historischer Alltagsgegenstände. Dazu gehört eine alte „Volkswaschmaschine", die zu ihrer besten Zeit noch mit einer Handkurbel angetrieben wurde. Ihr Wagen steht derweil auf dem kleinen Parkplatz, den Sie erreichen, wenn Sie vor dem Leuchtturm links ab und dann nach dem Piktogramm „Sehenswürdigkeit" gleich wieder rechts abbiegen (**GPS** N55 20 35.3 E21 17 35.4). Einen zweiten Parkplatz finden Sie neben der neuen, vollautomatischen Pumpstation von 2007 jenseits der kleinen Brücke.

Wieder in Uostodvaris zurück führt das Sträßchen links ab zum Ortseingang von Rusnė, wo sich der Kreis schließt. Die etwa 20 km lange Strecke ist übrigens eine sehr schöne Radtour, wenn Sie das möchten und Ihren Drahtesel dabei haben.

Über die Atmata hinweg gelangen Sie dann zurück nach **Šilutė (Heydekrug)** und können die Reise von dort aus fortsetzen.

Nun habe ich noch einen Ausflug für Naturliebhaber gefunden. Eine Schotterpiste führt nach der Brücke über die Atmata rechts ab (Straße 4213). Auf dieser holpern Sie durch eine unberührte Naturlandschaft, wobei immer wieder landwirtschaftlich genutzte Wiesen und Felder eine offene Landschaft ergeben. Die 18,5 km lange Piste ist bei angepasster Fahrweise recht gut befahrbar. Wenn Sie die Schotterstraße meiden möchten, nehmen Sie am besten die 141, um zügig vorwärts zu kommen. Kurz nach dem Ortsausgang **Juknaičiai (Jugnaten)** entdecken Sie rechts die auffällige Backsteinkirche, die Sie mit etwas Glück auch geöffnet vorfinden. Kurz darauf zweigt die 4214 rechts ab ins Nemunas-

Der Leuchtturm von Uostadvaris

ROUTE 1

mündungsgebiet. Die Nebenstraße führt auf Asphalt durch Wälder und Felder zum Ziel. Allerdings ist die Strecke 11 km weiter, als zuvor auf der Schotterstraße beschrieben.

Nun heißt es, vom Memeldelta Abschied zu nehmen. Ich nehme denselben Weg auf Asphalt zurück zur 141 und bringe auf dieser 17,5 km in östlicher Richtung hinter mich. Dort finden Sie links ab die Ausschilderung zu einem ausgesprochen guten und schönen Restaurant, das Ihnen nicht nur die Gelegenheit gibt, auf hervorragende Art Ihren Hunger und Durst zu stillen, sondern auf Anfrage auch auf dem großen Parkplatz zu nächtigen. Gäste mit Wohnmobilen sind den Wirtsleuten willkommen.

Bald erreiche ich dann das Städtchen **Pagėgiai** (Pogegen). Dort hat man die Gelegenheit, in das dunkelste Kapitel deutscher Geschichte zu blicken, indem man dem Hinweisschild rechts ab zur Gedenkstätte des Außenlagers 53 des KZ Buchenwald folgt. Fahren Sie durch den Ort durch, gabelt sich die Straße am Ortsausgang. Halten Sie sich nun rechts ab und biegen dann nochmals rechts ab Richtung Wald. Das kleine Schottersträßchen führt auf den Parkplatz, der wenige Gehminuten vom ehemaligen Lager angelegt wurde (**GPS N55 08 12.7 E21 52 54.3**). Der Respekt vor der Würde der Opfer der Nazis gebietet es aus meiner Sicht, diesen Platz nicht als Übernachtungsplatz zu nutzen. Entlang des ausgeschilderten Weges durch das ehemalige Lager finden Sie mehrere Mahnmale, an denen Sie innehalten und der Opfer gedenken können.

Zurück in Pagėgiai biege ich wieder rechts ab auf die 141 und bringe nun zügig 7,5 km hinter mich, um mich intensiv mit dem Rambynas Regionalpark zu befassen.

Abstecher in den Rambynas Regionalpark

Der Regionalpark bietet bei weitem nicht nur die Hauptattraktion, die alte Opferstätte Rambynas, die heute mehr als Aussichtspunkt dient.

Nur seien Sie mir um eines nicht böse: Es ist nach wie vor eine Schotterstrecke, die ich Ihnen empfehle. Nehmen Sie das eingestaubte Wohnmobil in Kauf, bei Regen auch eine mehr oder weniger intensive Braunfärbung hinter den Radkästen. Die Landschaft entlang der Memelschleife wird Sie sicher entlohnen.

Ich gebe entlang der Strecke mehrere Parkplätze an, die durchweg übernachtungstauglich sind. Das gilt zumindest, wenn Sie auch mal ruhige, teils sogar einsam in der Natur gelegene

PAGĖGIAI - RESTAURANT SENAGIRIA

Stellplatzart: Restaurant
GPS: N55 10 30.4 E21 49 50.5
Adresse: Pagėgiai, an der 141
Tel.: +370 652 21 235 oder +370 844 141700
mailto: senagiria@takas.lt **Facebook**: https://www.facebook.com/pages/Sena-giria
Zufahrtinfo: Ab der Einmündung der 4214 in die 141 17,5 km weiterfahren, dann links ab ausgeschildert.
Kurzbeschreibung: Großer, ebener Parkplatz, durch Kiefernwald von der 141 abgeschirmt. Wenige Schritte zum Gasthaus/Hotel mit einem ausgesprochen stimmungsvoll angelegten Garten, schöner Außenterrasse für die Gäste und geschmackvollem Gastraum. Gute regionale Küche und freundlicher Service.

Plätze schätzen. Prüfen Sie aber vor Ort, ob das Übernachten im Regionalpark jeweils erlaubt ist. Die Plätze habe ich mit GPS-Koordinaten und einem die Ausstattung beschreibenden Stellplatzsymbol im Text gekennzeichnet.

Ich fahre zum Höhepunkt des Abstechers im wörtlichen Sinne. Am Fuß der Kult- und Opferstätte **Rambynas** ist ein **Wanderparkplatz** eingerichtet (**GPS N55 05 18.8 E22 01 18.7**). Sie finden Informationstafeln zum Regionalpark und zur Opferstätte selbst, einen Fahrradparkplatz, der Ihnen in dieser Bauweise im ganzen Regionalpark wieder begegnen wird. Und Sie können sich bei einem Spaziergang in die Talsohle des Nemunas im Treppensteigen üben. Zunächst gehen Sie auf bequemem Weg zum Opferberg, der einst mystische Bedeutung als Kultstätte heidnischer Volksgrupen hatte. Außerdem stand hier vermutlich eine hölzerne Burg, die von den Kreuzrittern zerstört wurde. 190 Stufen führen von der Aussichtsplattform steil abwärts: Wenige Meter weiter rechts steigen Sie in 174 Stufen bergauf. So geht das Ganze zunächst in die Knie und beim Aufstieg ganz schön an die Puste.

Haben Sie die Flussniederung des Nemunas erreicht, können Sie ein Stück auf dem Grenzerpfad entlang der Memel flussaufwärts wandern und bald wieder zur Straße hinaufsteigen, an deren Rand Sie dann zum Wohnmobil zurückkehren. Oder Sie parken etwa 400 m weiter am nächsten Parkplatz, der links der Straße in der Nähe eines neuen, sehr schönen Gästehauses angelegt wurde und stehen nach wenigen Schritten auf der anderen Straßenseite auf einer Aussichtsplattform.

Folgt man der Schotterstraße weiter, gelangt man in wenigen Minuten nach **Bitėnai** und fährt an der Einmündung rechts ab. Beim Ortseingang (die Ortseinfahrt ist asphaltiert), weist ein

Schild links ab zu einem sehenswerten Museum. Das **Pagėgių savivaldybės Martyno Jankaus muziejus** ist eine alte Druckerei (**Parkplatz GPS N55 04 57.2 E22 02 51.3**, M. Jankaus gatvė 5, LT 99265 Bitėnai, Tel. +370 441 42736, mailto: m.jankausmuz@gmail.com). Der frühere Inhaber, Martynus Jankaus, hatte diese betrieben und von hier im damals freien Klein-Litauen die Landsleute im zu Russland gehörenden Groß-Litauen mit Literatur in Landessprache, vom Schulbuch über Landkarten bis zu Belletristik, versorgt. Litauisch zu sprechen oder Produkte in dieser Sprache herzustellen, war in Russland verboten. Ergänzt wird das Museum durch eine Schule für junge Künstler, die ihre gelungenen Werke dann zum Teil im Museum oder im weitläufigen Museumsgarten ausstellen können.

Gut 1 km südlich von Bitėnai gelangt man zu einem schönen Parkplatz mit Picknickbänken, Umkleidekabine und einem kleinen Badestrand am Ufer der Memel (**GPS N55 04 18.6 E22 02 36.1**). Nochmals 2,2 km weiter weist ein Schild auf eine Sehenswürdigkeit hin. Die Neugierde ist bei mir geweckt: Es handelt sich um einen Aussichtsturm, von dem Sie prima über die Flussauen (Grenzschutzzone!) nach Neman (Ragnit) schauen können. Es ist ein eindrucksvoller Blick, auch wenn die hässliche Industrieanlage etwas ins Auge sticht.

Museum in Bitėnai

Am Opferberg

Nun umfährt man auf der Straße die Südspitze der Memelschleife und erreicht nach 7,5 km die Abzweigung zu einem weiteren Aussichtsturm (wenig attraktiver Parkplatz) und 850 m später eine weitere Abzweigung. Ein braunes Hinweisschild weist zum **Šereitlaukio Kilniapalnis**, dem Burgberg von **Šereitlaukis (Schereitlaugken)** also. Diesen kann man vom **Wanderparkplatz** (**GPS N55 02 46.8 E22 06 50.3**, Picknickbänke, Infotafel und Mülltonnen) in einer knappen halben Stunde zu Fuß bequem erreichen. Im Weiler **Šereitlaukis** gilt es noch die Reste einer mittelalterlichen Burg zu bewundern, bevor man die restlichen 6,7 km zum letzten schönen Wanderparkplatz in Angriff nimmt. Dieser liegt, kurz vor Vilkyškiai, etwa 200 m rechts der Straße (**GPS N55 06 29.6 E22 07 53.2**).

Zur Hexenfichte

Auf einem guten Fahrweg und zuletzt über eine 250 m lange Holzbohlenbrücke erreicht man in einem gemütlichen Spaziergang durch sehr schönen Mischwald ein Naturmonument, die **Hexen-Fichte**.

Sie gabelt sich in etwa 1 m Höhe in insgesamt 18 Baumstämme, wovon einer bei einem Schneesturm 2007 abbrach. Das tut

Die Memelschleife mit weitem Blick über das russische Kaliningrader Gebiet.

dem stattlichen Baum mit 36 m Höhe aber kaum einen Abbruch - sehenswert!

In **Viklyškiai** fällt die stattliche Kirche im zerstreuten Dorf auf. Anschließend ist nach 1,2 km wieder die 141 erreicht und der Abstecher durch den Rambynas Regionalpark beendet.

Wieder auf der 141, geht es memelaufwärts weiter. Ich komme auf der gut ausgebauten Strecke zügig voran bis nach Smalininkai (Schmalleningken), wo ich wieder einen Halt empfehle.

Die Hexen-Fichte

ROUTE 1

Sehenswertes in Smalininkai (Schmalleningken)

Dort gibt es dreierlei zu bewundern. An der Ortseinfahrt (von der 141 rechts ab ausgeschildert) fährt man durch eine Allee mit teils über 300 Jahre alten Eichen. Im Ort weist dann ein Schild links ab zum von Justinas Stonys gegründeten **Technikmuseum**. Er fügte sich seiner Sammel- und Technikleidenschaft und trug eine beeindruckende Sammlung technischer Geräte zusammen. Diese leisteten in Ostpreussen und im Memelland über die Jahrzehnte gute Dienste. Da ist von hochwertigen Foto- und Filmprojektionsapparaten, Haushaltsgeräten, Uhren bis hin zu Autos und Landmaschinen nahe zu alles vertreten, was man sich vorstellen

RADTOUR DURCH DEN RAMBYNAS REGIONALPARK

Ich hatte schon erwähnt, dass die Fahrradparkplätze sehr schön gestaltet sind. Sie erinnern irgendwie an Pferdestangen, an denen früher die Reittiere mit den Zügeln verzurrt wurden. Heute sind es eben Drahtesel mit Ringschloss. Das zeigt Ihnen aber auch, dass dieser Abstecher auch eine sehr schöne Radtour sein könnte. Verknüpft mit ein paar kurzen Wanderungen wird es dann zu einer besonderen Form des Biathlon. Von **Šeraitlaukis** können Sie später diagonal durch den Wald auf einer Schotterstraße zum Wohnmobil zurück radeln. Oder Sie nehmen auch für den Rückweg den landschaftlich sicher attraktiveren, wenn auch weiteren Weg auf gleicher Strecke. Insgesamt spreche ich hier von einer einfachen Strecke von 22,5 km. Mit Rückweg sind das dann 45 ansehnliche Kilometer, wobei keine größeren Steigungen zu bewältigen sind.

mag. So manches gute Stück stammt aus deutscher Produktion (Liepų g. 2, Tel. +370 650 35586, **GPS N55 04 26.8 E22 34 35.2**, techmuziejus.lt/de).

Die dritte Sehenswürdigkeit ist der alte Flusspegel am Nemunas, wo früher noch Züge einer Schmalspurbahn nach Tilsit (Sovetsk) dampften. Schließlich nannte sich der Ort früher „das östliche Tor zum Memelland". Der ehemalige Grenzbahnhof ist ebenfalls als Sehenswürdigkeit am östlichen Ortsausgang ausgeschildert. Eine solche Station würde dem Städtchen auch heute wieder gut zu Gesicht stehen, wäre die Grenze ins Kaliningrader Gebiet nicht so undurchlässig. Hier nämlich knickt die russische Grenze nach Süden ab, weg von der Memel.

Jurbarkas an der Memel

ROUTE 1

Der nächste größere Ort ist die Stadt **Jurbarkas (Georgenburg)**, gegründet 1259 am Zusammenfluss von Mituva, Imsrė und Nemunas (www.jurbarkas.info). Die Stadt bietet zwei sehenswerte Kirchen: Die zweitürmige Dreifaltigkeitskirche entstand 1907. Die orthodoxe Kirche beherbergt das Orts- und Regionalmuseum (Zufahrt: Bei der Kreuzung am Ortseingang links, nach 200 m erneut links, an der Schule vorbei). Weiterhin finden Sie zwei Burgberge, denn hier war einst ein umkämpfter Ort zwischen Litauen und den Kreuzrittern, die sich aber geschlagen geben mussten.

Ich habe nach einem langen Tag hier auf dem Parkplatz an der Pamituvio g. (**N55°04'40.0 W22°45'27.5**) übernachtet. Zum Frühstück habe ich dann die wunderschöne Aussicht auf dem

Justinas Stonys in seinem Technikmuseum

Parkplatz an der Nemuno gatve genossen, der nachts leider gesperrt ist. Vorher habe ich allerdings zu Fuß die Memel über die Brücke überquert. Ganz im Gegensatz zu Napoleon, bin ich aber auch unversehrt wieder zurück gekommen. Wie sehr auch diese Gegend zu Europa gehört, wurde mir bewußt, nachdem ich Bilder aus Jurbarkas gepostet hatte. Eine Bekannte aus Nordeutschland schrieb mir postwendend, ihr Vater sei Jurbarkas geboren und aufgewachsen.

Radfahrer interessiert sicherlich der parallel zur Straße verlaufende Radweg entlang des Nemunas – eine von mehreren Radwegalternativen im Ort, die auch zum Wandern taugen. Die **Burghügel** sind auch Ziele der Radtouren. Am Zusammenfluss von Nemunas und Mituva gibt es zudem eine Badestelle nebst Parkplatz. Hier können Sie prima einkaufen. Auch Tankstellen sind zu finden, sofern Ihre Tankuhr nach Füllung ruft. Ganz besonders erfreulich ist, dass hier an Fahrradfahrer gedacht wurde, indem mehrere Radwege abseits der Straßen angelegt wurden.

Um die Sehenswürdigkeiten der Stadt aufzusuchen, können Sie die zwei genannten Parkplätze nutzen und alles zu Fuß erkunden.

Vielleicht ist es aber auch eine gute Idee, gleich zum nächsten Campingplatz zu fahren, um die Stadt von dort mit dem Fahrrad zu erreichen. Der Platz vereint ein naturnahes Ambiente mit

Die Memel bei Jurbarkas

ŠILINĖ - MEDAUS SLĖNIS (HONIGTAL)

Stellplatzart: .... Campingplatz
GPS: N55 05 30.0 E22 57 49.5
Adresse: .... Raseinių g. 19 Šilinė 74465
Tel.: .... +370 640 32128
mailto: .... ovismedus@gmail.com
Homepage: .... www.medaus-slenis.lt

Zufahrtinfo: Beim Weiler Šilinė sehen Sie links das stattliche historische Gebäude des Informationszentrums des Regionalparks. Biegen Sie hier links auf die 146 ab und fahren etwa 400 m bergauf. Dann weist ein Schild rechts ab auf die Zufahrt zum Campingplatz (Schotterfahrweg).

Kurzbeschreibung: Von Wald eingerahmte Wiese, auf der man sich den Stellplatz frei auswählt. Hier gibt es keine Stellplatznummern oder mit Hecken abgetrennte Stellplätze. Entscheidend ist nur, wo Platz ist und wo es gefällt! Ver-/Entsorgungsstation neben der Rezeption, im reetgedeckten Blockhaus sowie in einem weiteren Gebäude die gepflegten, modernen Sanitäranlagen sowie Waschmaschine. Stromanschluss an mehreren Stellen auf der Wiese verteilt. Dort Picknick- und Grillstellen.

moderner, gepflegter Ausstattung eines guten Campingplatzes. Doch ist er vergleichsweise kostengünstig geblieben. Zwischendrin haben Sie die Möglichkeit, am Badestrand **Skirsnemunė** Station zu machen (Parkplatz **GPS N55 05 25.5 E22 52 50.8**) und am Sandstrand etwas die Seele baumeln zu lassen.

Die Dreifaltigkeitskirche

RADTOUREN IN UND UM JURBARKAS

Einen guten Prospekt mit detaillierten Radkarten erhalten Sie in der Tourist Information, ebenso aber auch später beim Campingplatz Medaus Slėnis, den ich sehr empfehlen darf.
Eine Radtour führt entlang des Flusses über Graičiai und Palėjuai retour nach Smalininkai (Schmalleningken) und später über Atšvenčiai nach Jurbarkas zurück. So können Sie die dortigen Sehenswürdigkeiten auch prima mit dem Fahrrad erkunden (28 km). So erleben Sie alle in Smalininkai beschriebenen Attraktionen und zudem die Memellandschaft viel intensiver, als es aus dem Wohnmobil heraus möglich wäre.
In die andere Richtung führt eine Route zu allen wie Perlen am Nemunas aufgereihten Attraktionen bis nach Raudonė (Beschreibung dieser Sehenswürdigkeiten folgt später). Diese Tour hat insgesamt eine Länge von 24 km.
Der dritte Routenvorschlag ist eine Runde zu allen Sehenswürdigkeiten von Jurbarkas (7 km).

Überhaupt laden zahlreiche Parkplätz direkt an der Memel zum Anhalten, Picknicken und Baden ein.

Verbinden Sie Ihren Aufenthalt auf dem Campingplatz mit einem Besuch im nahen Informationszentrum des Regionalparks. Dort gibt es eine interessante Sammlung über die Lebensumstände der Landwirte, Fischer und Flößer früherer Tage. Wenn Sie möchten, haben Sie auch nur 5 Minuten Fußweg für einen Besuch

Kloster Panemune

Im Innenhof

am Sandstrand (!) am Nemunas unterhalb des Campingplatzes vor sich. Gehen Sie vom Informationszentrum des Panemunių Regionalparks zur 141 und überqueren diese, gehen ein Stück nach links und biegen auf den ersten Fahrweg zum Fluss ab. Der Strand ist unerwartet schön. Hätte ich es nicht selbst gesehen, hätte ich nicht geglaubt, an einem Fluss solche Sandstrände zu finden. Wenn Sie die Straße wieder überqueren, führt ein Pfad direkt gegenüber hinauf zum Campingplatz.

Von Medaus Slėnis zum Schloss Panemunė

Nachdem ich früher das sehenswerte Schloss Panemunė stets mit dem Wagen angesteuert hatte, wollte ich (trotz 35° C und gleißender Sonne) wissen, ob ich nicht auch zu Fuß zum Schloss gelange. Am Campingplatz findet sich eine Ausschilderung. Zunächst führt der Weg in den Wald, dann (einem Pfeil an einem Baum folgend) auf schmalem Pfad schräg rechts in eine Talsenke. Nachdem zwei kleine Bäche (eher Rinnsale) überquert sind, steige ich bergauf und bin nach 15 Minuten an einer Weide angekommen und gehe links ab. Weitere 15 Minuten geht es am Waldrand entlang. Kurz vor dem Dorf **Pilis** geht es links zur Straße

Schloss Panemune

ROUTE 1

PILIS - SCHLOSS PANEMUNĖ

Stellplatzart: Parkplatz
GPS: N55 05 58.1 E22 59 07.5
Adresse: Pilis, beim Schloss
Tel.: +370 689 93185
Zufahrtinfo: Von der 141 der Ausschilderung zum Schloss Panemunė folgen. Im Ort links ab gut ausgeschildert.
Kurzbeschreibung: Geschotterter Parkplatz mit (allerdings betagtem) Plumpsklo) im Schatten des Schlosses. Einkehr dort oder im beschriebenen Prie Pilis.

DAS SCHLOSS VON PANEMUNĖ

Das Gut von Panemunė wurde 1597 vom ungarischen Gutsherren Jonusz Eperjesz erworben. Er errichtete wenige Jahre später sein Renaisssanceschloss. Nach mehreren Eigentümerwechseln ließ der neue Gutsherr Antanas Gelgaudas die baulichen Schäden im Zeitgeist des 18. Jh. beseitigen und gab die Garten- und Parkanlagen in Auftrag. Der Zerfall begann, als die Erben von hier aus die Revolution von 1831 organisierten und in Ungnade des Zaren fielen, der das Gut einziehen ließ. Nun ließ Stanislaw Puslowski einige Umbauten vornehmen, doch war die Baufälligkeit kaum noch zu verhindern. 1925 wurde das Gut enteignet. Ein Brand 1927 tat ein Übriges. Doch wurde in mehreren Etappen immer wieder versucht, dem Verfall Einhalt zu gebieten. Zum Teil ist das gelungen, zum Teil liegt aber noch viel Arbeit vor den Verantwortlichen der Akademie der Künste in Vilnius, welcher das Schloss untersteht.

Gönnen Sie sich den Besuch des Museums, zu dem nicht nur die Besteigung des Turms (Achtung! Sehr steile Treppen! Besteigen auf eigene Gefahr) und das ehemalige Burgverlies gehören. Im noch nicht renovierten Trakt des Gebäudes hat die Akademie der Künste stets eine wechselnde Ausstellung von Künstlern aus ihren Reihen eingerichtet. Nicht zuletzt gehört ein Spaziergang durch die schönen Parkanlagen mit den 5 Teichen zum Besichtigungsprogramm.

und weiter durch den Ort, bis nach den alten Klostergebäuden (Gaststätte und Lebensmittelladen) der Weg rechts zum Schloss führt (Bild unten links). Schenken Sie Ihre Aufmerksamkeit nicht nur dem Schloss, sondern auch dem herrlichen Park mit den Teichen. Gehzeit einfache Strecke ca. 45 Minuten, Rückweg auf gleicher Strecke.

Ein weiterer Einkehrtipp ist die schon erwähnte Gaststätte in den Mauern des früheren Klosters beim Lebensmittelladen. Die **Kavinė Prie Pilis** (Tel. +370 620 86656, mailto:uabpaslaugos@gmail.com) ist eine Dorfgaststätte, die auf den ersten Blick einen einfachen Charme versprüht. Doch gibt es Bodenständiges und Gutes auf den Teller - für einen sehr günstigen Preis. Solch einen Tipp gebe ich gerne weiter. Und wie kommen Sie nun mit dem Wohnmobil hierher? Fahren Sie zurück zur 141 und biegen

RAUDONĖ - GASTHAUS KAIMO TURISMO SODYBA

Stellplatzart: Gasthaus
GPS: N55 05 56.0 E23 07 41.6
Adresse: Raudonė, Kašonų gatvė 5
Tel.: +370 (8) 676-28552
mailto: raudone@atostogoskaimo.lt
Zufahrtinfo: In den Ort, bei der Einfahrt zum Schloss aber links halten in die Kašonų gatvė. Das Gasthaus lässt sich gut erkennen: An der Fassade steht - in Blickrichtung vom Schloss her - in deutscher Sprache „Gasthaus" (linke Straßenseite).
Kurzbeschreibung: Gepflasterter Parkplatz für höchstens 1-2 Wohnmobile im sehr liebevoll angelegten Garten. Stromanschluss und Wasserversorgung sind möglich. Übernachtungspreis auf Anfrage (und abhängig von Dauer und Einkehr im Restaurant). Auch die Gebäude wurden aufwändig renoviert und modernisiert. Doch sollten Sie angesichts des geringen Parkraums **unbedingt vorher anrufen**. Das gilt auch für das Essen, denn die Chefin kocht hier selbst und möchte die Chance haben, frische Zutaten auf den Tisch zu bringen.
Sonstiges: Sollte der Platz in der Hofeinfahrt knapp sein, kann man vor dem Haus am Straßenrand stehen.

ROUTE 1

VELIUONA - ZENTRALER PARKPLATZ

Stellplatzart: Parkplatz
GPS: N55 04 45.1 E23 16 30.2
Adresse: Veliuona, Dariaus ir Girėno gatvė
Tel.: (Tourist Information/Museum) +370 617 32 811
mailto: angeleoster@gmail.com
Zufahrtinfo: Von der 141 her 500 m über grobes Kopfsteinpflaster aus alten Tagen hinauf. Der Parkplatz liegt nach der Linkskurve rechts ab.
Kurzbeschreibung: Asphaltierter Parkplatz mit - uralter - Trockentoilette, Storchengeklapper im Sommer inklusive. Müllcontainer (-trennung).
Sonstiges: Unterhalb der 141 (Zufahrt gegenüber der Zufahrt in den Ort) liegt ein Parkplatz mit Picknickstelle am Nemunas. Hier legt auch eine kleine Personenfähre an, weshalb sich der Platz nicht besonders für die Übernachtung eignet. Er liegt zudem nahe an der Durchgangsstraße.

am Informationszentrum links ab. Kaum ist der Motor halbwegs warm, weist ein Schild schon links ab zum „Panemunės Pilis". Im Ort biegt man bei einem kleinen Lebensmittelladen (übrigens mit sehr freundlicher Bedienung und kleinem, aber gutem Sortiment) links ab und stellt den Wagen kurz nach dem stattlichen Schloss auf den Parkplatz.

Nun geht es weiter zur nächsten Perle am Nemunas, dem **Schlossgut Raudonė**. Wenn Sie den kurzen Anstieg von der 141 auf grobem Kopfsteinpflaster hinter sich haben, fahren Sie geradezu auf die Zufahrt zum Parkplatz des Schlosses zu (**GPS N55 05 49.1 E23 07 51.9**). Dieses können Sie nur von außen anschauen, wenn man von der Besteigung des Turmes absieht (Anmeldung zu Schulzeiten beim Schulsekretariat). Wenn Sie Interesse haben - die Aussicht ist ebenso beeindruckend, wie zuvor in Panemunė.

Hier habe ich aufs Neue einen guten und sehr familiären Einkehrtipp für Sie. Wenn Sie möchten, können Sie nur einen Steinwurf vom Schloss entfernt auch über Nacht im Hof des Gasthauses stehen. So haben Sie die Gelegenheit, nicht nur das Schloss und die gegenüber liegende frühere Mühle zu bewundern, sondern auch ausgiebig im sehenswerten Schlosspark spazieren zu gehen.

Wieder ist es nicht weit, bis Sie die nächste Sehenswürdigkeit erwartet. Dieses Mal ist es das Städtchen Veliouna, das gleich mehrere Sehenswürdigkeiten bietet. Zentral zwischen diesen Sehenswürdigkeiten liegt ein Parkplatz, der mir schon bei mehreren Reisen nach Litauen als Übernachtungsplatz gedient hatte.

ROUTE 1

Sehenswertes in Veliuona

Allem voran ist die Renaissancekirche Hl. Mariä Himmelfahrt zu nennen, deren Turm weit über das Memeltal ragt. Nur wenige Schritte weiter, kurz vor dem Rathaus, steht das Gediminas-Denkmal, das dem Staatsgründer Litauens gewidmet ist. Unterhalb der Kirche entdecken Sie drei alte Burgberge, was die Bedeutung

Memelblick in Kliangiai

des Ortes belegt. Einer Legende nach soll Gediminas hier bei einer Belagerung gefallen sein. Doch darf man getrost daran zweifeln, ist es doch geschichtlich belegt, dass er mehrere Jahre später noch lebte. Die Hügel können Sie über Holztreppen erklimmen und die Aussicht genießen. Nicht zuletzt ist das Schloss zu nennen, in dem die Tourist Information untergebracht ist. Es beherbergt das Museum zur Regionalgeschichte und gehört der Baronesse von Weksel-Pirch. Die Dame kehrte nach der Wende zu ihren Wurzeln zurück. Sie war hier geboren worden, als der Park noch von Pfauen belebt und von Gärtnern kunstvoll angelegt war. In den Wirren der letzten Kriegsmonate musste sie auf der Flucht vor der Roten Armee Hab und Gut stehen und liegen lassen. Ich hatte das Glück, den lebhaften Erzählungen über das Schicksal ihrer Familie zu lauschen. Vielleicht wird Ihnen das Glück auch zuteil - die Baronesse spricht 7 Sprachen.

Schlossgut Raudone

Erneut wird der Motor kaum warm. Nach 2,8 km

Renaissance Kirche in Veliuona

kann man eine weitere, ländlich geprägte Sehenswürdigkeit ansteuern. Ein Sträßchen zweigt scharf links ab nach **Klangiai** und führt nach 4,5 km zum Museum, das dem Schriftsteller **Petras Cvirkas** gewidmet ist. Es zeigt das Wohnhaus und zeitgenössische Haushalts- und Landwirtschaftsgegenstände und liegt in einer lieblichen Landschaft mit endlosen Feldern und Wiesen. Vor der Museumszufahrt finden Sie einen **Parkplatz (GPS N55 05 10.1 E23 19 24.1)**. Eintritt ins Museum € 0,70, wobei ich alles offen vorfand, aber niemanden antraf, der kassiert hätte.

4,2 km weiter flussaufwärts liegt die Zufahrt zum **Schloss Belverderis.** Folgt man der Zufahrt zum Schloss, dürfte eine gewisse Enttäuschung nicht zu vermeiden sein, denn das Gemäuer befindet sich in einem desolaten Zustand, lässt aber nach wie vor die ehemals mächtige Herrschaft erahnen. Ein schön gelegener Campingplatz versteckt sich auf der Hochfläche oberhalb des Ortes. Er bietet eine ruhige Übernachtungsgelegenheit.

Wenig später wird **Seredžius** an der Mündung des Flüsschens Dubysa erreicht. Schon von Weitem sind die Kirchtürme der prächtigen Kirche St. Johannes d. T. zu sehen (Bild).

Fährt man auf der 141 in den Ort **Seredžius**, kann man ein weiteres Mal einen Burgberg besteigen (**Parkplatz im Ort GPS N55 04 47.4 E23 24 29.6**), der möglicherweise die stattliche Marienburg der Kreuzritter trug, welche aber vollständig zerstört wurde. Das Städtchen blickt auf eine lange Geschichte zurück. Es wurden Gräber aus dem 3./4. Jh. und weitere aus dem 7. Jh. gefunden. Höhepunkt ist die aus dem 19. Jh. stammende Kirche, die schon erwähnt wurde. Sie wurde als Ersatz der Vorgängerkirche im Tal errichtet, nachdem diese bei einem Memelhochwasser zerstört worden war.

Blick auf die St. Georg Kirche in Bubiai

Gute 12,5 km weiter wird das Städtchen **Vilkija** erreicht. Auch hier kann ich einen ebenen, prinzipiell übernachtungstauglichen Parkplatz unterhalb der 141 mit schönem Blick auf die Memel nahe dem Fähranleger nennen (**GPS N55 02 20.5 E23 34 36.3**). Wenn Sie sich hinauf ins Städtchen begeben, erwartet Sie ein stattliches Gotteshaus, die neugotische Kirche St. Georg. Neben der Kirche wurde ein Aussichtsturm errichtet, den Sie besteigen sollten.

Bleiben Sie weiter auf der 141, können Sie 5,6 km nach dem Kreisverkehr am Ortsausgang Vilkija rechts ab nach **Bubiai** abbiegen und - ein Stück auf Schotter - bis zum Kloster fahren. Es liegt etwas oberhalb des Nemunas inmitten großer Felder - ein Ort der Ruhe und Besinnung. Der Parkplatz vor der Klostereinfahrt (gegenüber der Friedhof des Ortes) ist auch für eine ruhige Übernachtung nutzbar (**GPS N54 59 05.2 E23 36 29.4**). Fahren Sie

St. Johannes, Seredžius

in Bubiai geradeaus, bis die Straße außerorts zu einer Einmündung führt. Dort halten Sie sich rechts und fahren weiter zum Klosterparkplatz. Übrigens ist die moderne Klosterkirche (das Kloster wurde nach der Wende erbaut) sehenswert. Überdies können Sie durch den Wald einen Spaziergang zum Nemunas machen. Auf dem Rückweg zur 141 fahren Sie an der genannten Einmündung einfach geradeaus und gelangen nach wenigen Minuten zur 141 zurück.

Gut 12 km sind es ab der Einmündung, bis mit dem Kaunasser Vorort **Raudondvaris** ein weiterer Höhepunkt auf dem Programm steht. Auch hier ist schon von weitem der Zwillingsturm der stattlichen Paštuva-Kirche zu sehen. Auf der anderen Seite der 141 konnte ich eine Schlossanlage in Augenschein zu nehmen. Dort ist übrigens in einem Nebengebäude auch die Tourist Information untergebracht. Das 1615 erbaute Lustschloss macht nur auf den ersten Blick einen wehrhaften Eindruck. Gemäß dem Zeitgeist wurde es mehrfach umgebaut und erhielt dabei seine Schießscharten und Wehrtürme.

4 Kaunas

Nun ist es Zeit, den Sprung nach **Kaunas** zu machen, wo sich ein etwas längerer Aufenthalt lohnt. Die zweitgrößte Stadt des Landes hat Charme, und ein pulsierendes Stadtleben obendrein. Zwei Campingplätze buhlen um Ihre Gunst. Die landschaftlich sicher schöneren Alternativen liegen etwas außerhalb:

Der von Johannes favorisierte **Kaunas Camp Inn** liegt auf meiner Route gleich am Eingang der Stadt. Näher am Zentrum gelegen, befindet sich der **Kaunas City Camping** mit großzügigen Stellplätzen und moderner, neu angelegter Ausstattung. Die verkehrsgünstige Lage für Bus, Rad und Auto gefiel mir sehr, da beim Stadtcampingplatz nicht das Naturerlebnis im Vordergrund steht, sondern doch eher die Zweckmäßigkeit. Und von hieraus war ich mit Bus und Rad in wenigen Minuten im Zentrum.

Der **Kauno Žalgirio Jachtklubas** (R. Kalantos gatvė 14, +370(8)37 37 04 67, www.jachtklubas.lt) kommt einem Campingplatz sehr nahe, er liegt aber etwas außerhalb am Kaunasser Meer nahe dem Kloster Pažaislis. Was für beide Plätze gilt:Nicht nur ich bei der Recherche, auch Gäste, die ich antraf, lobten bei beiden Plätzen die Sauberkeit und vor allem die Freundlichkeit des Personals. Und das ist schließlich auch wichtig, ebenso wie die Tatsache, dass beide ideal mit Buslinien zur City angebunden sind!

KAUNAS - KAUNAS CAMP INN

Stellplatzart: Campingplatz/Wohnmobil-Stellplatz
GPS: N54 54 57.0 E23 50 00.6
Adresse: Kaunas, Raudondvarių pl 161a
Tel.: +370 602 33444
mailto: kaunasq@campinn.lt
Homepage: www.campinn.lt
Zufahrtinfo: Auf der 141 in die Stadt (Raudondvarių Plentas) und bei der Abzweigung zur A5 rechts abbiegen. Nach wenigen Metern wieder rechts auf den Campingplatz.
Kurzbeschreibung: Lage etwas abseits der Durchgangsstraßen. Baumbestand/teils Schatten durch Kiefern. 2012/13 eingerichteter, moderner Platz, WiFi, Waschmaschine/Trockner, Strom/Wasserversorgung, vorbildlich angelegter Entsorungsplatz mit Bodeneinlass und getrennten Zapfstellen für Frischwasserentnahme und Abwasserentsorgung.
Öffnungszeiten: Mai bis September.
Strandrestaurant beim Sandstrand an einem Nebenarm des Nemunas. Bootsverleih, Sauna u. v. m. Mit Kosten von € 20,00 je Nacht (Wohnmobil inkl. 2 Personen) kein billiger, aber ein guter Platz, auch für große Wohnmobile > 10 m geeignet. Bushaltestelle, Laden und Radwege in umittelbarer Nähe.

KAUNAS - CITY CAMPING

Stellplatzart: Campingplatz/Wohnmobil-Stellplatz
GPS: N54 56 05.9 E23 55 03.7
Adresse: Kaunas, Jonavos g. 51a
Tel.: +370 6180 9407
mailto: camp@kaunascamping.eu
Homepage: www.kaunascamping.eu
Zufahrtinfo: Auf dem Autobahnring nördlich Richtung Vilnius halten und Ausfahrt Senamistis/Centras nehmen. An der Ampel links ab und gleich rechts (von der Autobahn her ausgeschildert).
Kurzbeschreibung: Schattenloser, modern und komfortabel angelegter Platz für 25 Wohnmobile/Caravans, auch >10 m. Preis (2020): € 18,60 je Wohnmobil inkl. 2 P. Waschmaschine, WiFi. V/E-Platz. Picknickplätze und im Sommer Swimming-Pool in der Platzmitte. Strom und Wasseranschluss an allen Stellplätzen. Bushaltestelle Richtung Zentrum (ca. alle 15 Min) wenige Schritte entfernt.
Öffnungszeiten: Ganzjährig.
Sonstiges: Mit dem Rad ist man in wenigen Minuten über die tollen Radwege in Kaunas in der Stadt. Ein Supermarkt befindet sich wenige Gehminuten entfernt an der Hauptstraße. Die **Autowerkstatt** in der Jonavos gatve 200 hat mir zuverlässig, freundlich und schnell geholfen.

ROUTE 1

Sehenswertes in Kaunas

Lassen Sie mich den Rundgang am Bushaltepunkt nahe der Burg beginnen. Die zweitgrößte Stadt Litauens war von alters her ein wichtiger Verkehrs- und Handelsplatz. Während der staatlichen

Souveränität Litauens in den 20er Jahren war sie sogar Hauptstadt. Vilnius war damals polnisch besetzt. In dieser kurzen Phase blühte die Stadt unter ihrem Bürgermeister Jonas Vileišis wirtschaftlich und kulturell auf. Das Bauhaus Viertel ist bis heute Zeuge dieser kurzen Epoche der Freiheit.

Allerdings haben Krieg und Sowjetzeit tiefe Wunden hinterlassen, die bei weitem noch nicht behoben sind. Viele Gebäude wurden und werden nach und nach restauriert, auch wenn es da und dort noch den zweifelhaften „Glanz des Sozialismus" zu sehen gibt.

Die Kaunasser Festung belegt die strategische Bedeutung in früheren Jahrhunderten (Besichtigung der Burg ist möglich). Wer mit dem Wohnmobil in die Stadt fährt, findet dort gleich in der Nachbarschaft (hoffentlich) eine freie Parklücke.

ROUTE 1

Besonders zu erwähnen sind das Rathaus, im Volksmund „Weißer Schwan" genannt, und die doppeltürmige Jesuitenkirche mit dem großen, belebten Vorplatz, der zum Verweilen einlädt. Rundum haben sich gemütliche und übrigens auch gute Einkehrmöglichkeiten mit sehr gutem Service etabliert.

Sie finden dort auch das **Altstadtbüro der Tourist Information** in einem schmucken Altstadthaus (Rotušės aikšte 29, Tel. +370 (8)37 32 11 12, www.kaunovartai.lt, info@kaunovartai.lt).

Der Krieger der Freiheit

Bauhaus pur

Wenn Sie weiter Richtung Osten gehen, kommen Sie am Freiheitspark und dem ehemaligen Präsidentenpalast vorbei (dort striktes Hunde-, Rauch- und Alkoholverbot). Die ehedem erste Fußgängerzone des Sowjetreiches, heute Freiheitsallee, endet nach knapp 2 km an der imposanten Erzengel Michael Kirche mit ihren glänzenden Zwiebeltürmen. Der Boulevard ist auf voller Länge von zwei Baumreihen durchzogen und hat eine Breite von 30 m. Beidseits reihen sich Geschäfte, Cafés, Restaurants, Kinos usw. aneinander.

Jonas Vileišis vor der Jesuitenkirche

Tipp: Besuchen Sie im Untergeschoss der St. Michaels Kirche das „Labyrinth der Dunkelheit". Einer Idee findiger Studenten ist es zu verdanken, dass Sie in verwinkelten Gängen in absoluter Dunkelheit eine Vorstellung erhalten, mit welchen Problemen Sehbehinderte und Blinde Tag für Tag zu kämpfen

Die Burg Kaunas

haben, wenn beispielsweise umtriebige Einzelhändler ihre Werbetafeln auf Gehwegen platzieren, damit selbst Sehende förmlich drüber stolpern...

Zwei (wenn auch kleine) **Standseilbahnen** „made in Switzerland" gibt es in Kaunas. Es sind schöne, alte Bahnen aus den 30er Jahren.

Südlich der Altstadt gelegen ist die Aleksotas Zahnradbahn. Zu ihr gelangen Sie über die Nemunas-Brücke, deren Pfeiler übrigens nach wie vor Hammer, Sichel und Sowjetstern tragen. Die Bergstation der Zahnradbahn befindet sich in der Amerikos lietuviū g. 6. Betriebszeit ist Di-So 9-12 h und 13-18 h. Oben erwartet Sie ein schöner Aussichtspunkt der Stadt mit herrlichem

In der Altstadt

Die Peter und Pauls Kathedrale

Blick auf die Altstadt

Blick über die Altstadt und auf den Nemunas. Die Žaliakalnis Standseilbahn, 1932 gebaut, überwindet die ebenso schier unüberwindbare Höhe von wenigen Metern auf den Grünberg (Aušros g. 6, tgl. 8-18 h). Von der im Stil der Neuen Sachlichkeit gebauten Auferstehungskirche direkt bei der Seilbahn hat man einen wundervollen Blick über die Stadt.

Zudem gibt es eine Vielzahl weiterer Museen, deren Aufzählung hier zu weit führen würde. Daher beschränke ich mich auf die erwähnten, die etwas Besonderes sind.

Die Tourist-Information hält eine gute Kurzübersicht bereit, siehe auch http://www.kaunastic.lt, info@kaunastic.lt, Tel. +370(8)37 32 11 12.

Žaliakalnis Standseilbahn

Das Rathaus

Kirche Christi Auferstehung

Radweg an der Neris

Ebenso bekommen Sie dort eine Auflistung der sehenswerten Kirchen in Kaunas. Die 1408 errichtete Kathedrale St. Peter und Paul ist das größte gotische Bauwerk der Stadt (Vilnių g. 1). In der Nachbarschaft zur Burg steht die sehenswerte Vytautas Kirche aus dem 15. Jh. Besonders beeindruckend ist die Erzengel Michael Kirche am Ende der Fußgängerzone am Platz der Einheit. Sie wurde zum Ende des 19. Jh. zunächst als orthodoxe Kirche erbaut, wie die Zwiebeltürme erahnen lassen.

Weiterhin beweisen eine Synagoge (Ožesienės g. 17) und eine Moschee (Totorių g. 3) dass die drei großen Religionen ihre friedliche Koexistenz finden können, wenn die Menschen es wollen.

Natürlich sollte auch der Zoo von Kaunas nicht vergessen werden. Schließlich gibt es nur diesen in Litauen.

Ein auch für Wohnmobile geeigneter Parkplatz findet sich beim Eingang. Gegenüber lädt der ausgedehnte und schöne Ažuolynas Park zum Spaziergang ein. Die Zahl von Sehenswürdigkeiten zeichnet die Stadt als lohnendes Reiseziel aus. Es bietet sich also an, sich etwas Zeit für Kaunas zu reservieren.

Zu Ihrem Besuchsprogramm könnte auch die Gedenkstätte und das Museum im 9. Fort im Westen der Stadt gehören, sofern Sie Interesse haben, diesen dunklen Kapiteln deutscher und sowjetischer Gesichte etwas Zeit zu widmen.

Für die Nacht vor der Weiterreise habe ich weitere Stellplatztipps für Sie. Wenn Sie einen ruhigen Platz suchen, können Sie anstatt der zwei vorab genannten Campingplätze Richtung Kaunasser Meer starten. Aber wie so oft - das gilt an Wochenenden mit gutem Wetter nur mit Einschränkung. An der Zufahrt dorthin findet sich ein passabler Parkplatz nebst schönem Badestrand. Wenige Meter weiter, ragt die imposante Kuppel der 1664-1719 erbauten Klosterkirche Pašaislis des Besuchs der Hl. Jungfrau Maria bei Elisabeth empor. Das Gotteshaus gilt als eines der bedeutendsten Barockensembles im Baltikum. Die Klosterbesichtigung ist auf Anfrage möglich. Öffnungszeiten/Info: Mo-Fr 1000-1700 h, Sa 1000-1600 h, Tel. +370(8)37/456 485. Die zugehörigen Parkplätze allerdings sind im Sommer abends, besonders an Wochenenden, recht belebt, nachts ist Parkverbot.

Mit diesem Abschluss des Besuchs in der ehemaligen Hauptstadt Litauens bleibt ein Höhepunkt offen. Um das Litauische **Freilichtmuseum Rumšiškės** zu besuchen, müssen Sie sich auf den nördlichen Autobahnring begeben und ein Stück Richtung Vilnius fahren. Wenn Sie bei heißem Sommerwetter baden möchten, können Sie die Ausfahrt Gabručiškės nehmen und sich

DAS FREILICHTMUSEUM RUMŠIŠKĖS

Die von Mitte April bis Ende Oktober täglich außer montags geöffnete, weitläufige Museumsanlage gibt einen Überblick über sämtliche Regionen Litauens (Aukštaitija, Žemaitija, Suvalkija und Dzūkija). Traditionelle Bauernhäuser, ja ein ganzer Dorfplatz und eine Windmühle wurden abgetragen und auf dem 195 ha großen Areal wieder aufgebaut. Wo können Sie sonst „ganz Litauen" in solch kompakter Form besuchen?

In den Häusern rund um den Marktplatz befinden sich allerlei Handwerksläden. Dort kann man ein nach alter Tradition hergestelltes Mitbringsel erstehen, und das wesentlich günstiger als an den belebten Strandpromenaden von Palanga und Klaipėda oder in Vilnius. Der Elfenbeinschnitzer Jonas Aliulis zeigte Johannes Familie bei einer früheren Recherche seine Fingerfertigkeit, mit der er schöne Bernstein- oder Elfenbeinstücke (vom Mammut aus Sibirien, nicht aus der Wilderei in Afrika!) kunstvoll herstellt. Das Museum bietet Führungen, Vorlesungen und Veranstaltungen zu Kalender- und Familienbräuchen, aber auch Konzerte mit Volksmusik und Aufführungen folkloristischer Gruppen. Der Größe des Museumsgeländes entsprechend bietet sich auch das Fahrrad für den Besuch an - Vermietung wird angeboten. **Öffnungszeiten/ Info**: Mai-Sept tgl.10-18 h, der Park bleibt bis 20 h offen. 1.-15.10. schließen die Ausstellungen der 6 Gehöfte und die Kirche bereits um 17[00] h. Von Mitte Okt-Ende März ist der Park Mi-So 10-16[00] h und im April bis 17[00] h offen. Tel. +370/346/47392, Mail: info@llbm.lt, www.llbm.lt

gleich rechts ab orientieren. Am Kaunasser Meer befindet sich auch hier ein herrlicher Sandstrand nebst - unter Vorbehalt wie zuvor - übernachtungstauglichem Parkplatz (**GPS N54 53 33.1 E24 08 52.6**).

Da ein Tag im Museum wie im Flug vergeht, ist es gut zu wissen, dass es im Museumsgelände das Karčema Kavinė zur Einkehr einlädt. Die müden Knochen danken es Ihnen sicher auch, dass

Im Freilichtmuseum Rumšiškės

ROUTE 1

Sie **auf dem Museumsparkplatz im Wohnmobil nächtigen dürfen** (**GPS N54 51 58.1 E24 12 06.4**, Rumšiškės, L. Lekavičiaus g. 2). Anderntags wird dann eine zweite Parkgebühr fällig. Aber das sollte es wert sein, schon allein als Dank an die Parkplatzwärter. Eine Alternative, verbunden mit einem Restaurant mit regionaler Küche finden Sie im Restaurant Ilanka Kavine direkt unterhalb des Parkplatzes am Wasser (ILANKA KAVINĖ, +370 655 42622). In 2020 hatte das Restaurant nur freitags bis sonntags geöffnet, so dass ein vorheriger Anruf notwendig ist. Bootsfahrten sind auf Vereinbarung möglich.

Nun ist es Zeit, dem Stausee, den der Nemunas bildet, adieu zu sagen. Der Weg führt uns in den Bade- und Kurort Birštonas.

5 Bade- und Kurort Birštonas

Der Kur- und Badeort hat manches aus der Zeit der Sowjets erhalten, meist aber in modernisierter Form. Besonders rund um den Kurpark und an der Nemunas-Promenade braucht sich der Kurort kaum hinter manch westlichem Badeort zu verstecken.

Zunächst folge ich der Ausschilderung zur Tourist Information. Schräg gegenüber des olivgrünen Holzhauses liegt ein geräumiger Parkplatz. Nebenan gibt es den Kurpark mit Trinkbrunnen, Sitzgelegenheiten, Spielplatz usw. Ein weiterer liegt etwa 300 m entfernt im Gebäude der Kurklinik. Wobei - wenn ich ehrlich bin, ist das Wasser zum Trinken für meinen Geschmack schon recht salzig - aber gesund! Vielleicht ist Ihnen das salzige Vytautas Mineralwasser schon im Supermarkt begegnet.Es wird hier in Birštonas gegenüber des Campingplatzes abgefüllt.

Im Kurpark

BIRŠTONAS - TOURIST INFORMATION

Stellplatzart: .... Parkplatz
GPS: N54 36 00.6 E24 01 54.2
Adresse: .... Birštonas, B. Sruogos g.
Tel.: .... (Tourist Information) +370 319 65 740
mailto: .... info@visitbirstonas.lt
Homepage: .... www.visitbirstonas.lt
Zufahrtinfo: Von der A4 zweite Ausfahrt Birštonas nehmen und in den Ort fahren. An der Polizei/gegenüber das Kulturhaus, vorbeifahren bis ans Ende. Dann rechts und anschließend links abbiegen. Weiterfahren bis zur Tourist Information.
Kurzbeschreibung: Asphaltierter Parkplatz am Ortsrand/Kurpark unter großen, Schatten spendenden Bäumen.
Sonstiges: Wenige Gehminuten zur Promenade und zum Heilbad, gegenüber die Tourist Information, daneben das Kurhaus (Bild).

BIRŠTONAS - NATUR CAMP BIRSTONAS

Stellplatzart: .... Campingplatz
GPS: N54 36 39.2 E24 00 06.2
Adresse: .... Karalienės Barboros al. 1, LT-59202 Birštonas
Tel.: .... +370 673 52202
mailto: .... info@visitbirstonas.lt
Homepage: .... www.visitbirstonas.lt
Zufahrtinfo: Von Birštonas Richtung Prienai halten, nach 800 m rechts ab ausgeschildert.
Kurzbeschreibung: In 2020 nach Renovierung neu eröffneter Platz mit kompletter Ausstattung. Übernachtung € 22,00.
Öffnungszeiten: Mai-September
Sonstiges: Alternativ bietet sich etwa auf gleicher Höhe, jedoch auf der anderen Seite der A16, die Gaststätte Šelklytele an (Parkplatz etwa 100 m unterhalb des Restaurants - **GPS** N54 36 20.0 E24 00 29.6). Zufahrt: Am Campingplatz vorbei, dann an der nächsten Wendestelle Fahrtrichtung wechseln und ein Stück retour.

Der Kurort mit 3.500 Einwohnern ist einer der ältesten in Litauen und zeichnet sich – wie Druskininkai – durch salzhaltige Quellen aus, die für Bade- und Trinkkuren genutzt werden. Informationen zu den vielfältigen Freizeit- und Wellnessmöglichkeiten erhalten Sie in der Tourist Information im Zentrum.

Je nach Lust und Laune können Sie auf den Flüssen Verknė oder dem Nemunas paddeln, in den Wäldern am Fluss Rad fahren (Touren sind ausgeschildert) oder einen Wellnesstag einlegen.

Gleich am Ortseingang können Sie direkt einen der beiden Badeseen aufsuchen und die Abkühlung genießen. Vor allem im alten Teil des Ortes und der Promenade finden Sie ansprechende Einkehrmöglichkeiten.

VITRUNA - KEMPINGAS

Stellplatzart: .... Campingplatz
GPS: N54 18 12.3 E23 42 55.6
Adresse: .... Meteliai, nahe der 181
Tel.: .... +370 687 70 748
mailto: .... vitruna@gmail.com
Homepage: .... www.vitruna.lt
Zufahrtinfo: Auf der 181 von der A16 kommend nach etwa 35 km rechts ab gut ausgeschildert.
Kurzbeschreibung: Sehr schön gelegener Platz auf einem Wiesengelände, hoher Baumbestand. Schöner Badestrand am Schilfgürtel mit Badestegen, Picknick-/Grillstellen. Sportmöglichkeiten (Beachvolleyball etc.), Spielplatz für die Kleinen. Entsorgungsstelle für Camping-WC hinter dem Sanitärgebäude (abgedecktes Loch im Boden). Frischwasserhahn auf der anderen Gebäudeseite bzw. am Geschirrwaschplatz. Übernachtung ca. 20€.

ROUTE 1

Ich ziehe weiter Richtung **Prienai**, wo mir die Einkaufs-.und Tankgelegenheit willkommen ist. Noch ein Stück bleibe ich der A16 treu und wechsle südwärts auf die 181, auf der ich rund 35 km durch die Landschaft gondle. Seen, Wiesen, Felder und Wälder machen die Fahrt abwechslungsreich. Dann erreiche ich den **Dūšia ežera**, wo ich einen Campingplatz gefunden habe, der landschaftlich äußerst schön am großen See gelegen ist.

Ein weiter Blick über die Landschaft des Meteliai Regionalparks

Ich entscheide mich, auf einem Parkplatz neben einem neuen Aussichtsturm (**N54°17'44.1 E23°44'32.6**) zu übernachten, und genieße den Blick über die sanfte, angenehme Landschaft.

Dies dürfte für all diejenigen die letzte Station in Litauen sein, die durch Polen nach Hause fahren. Es ist über die 132 nicht weit nach **Lazdijai**. Von dort sind es 8 km zur Grenze nach Polen. Den Heimfahrern eine gute Fahrt.

Der See am Campingplatz Vitruna

Abendstimmung

Mein Nachtlager

ROUTE 1

Dzūkija und Hauptstadtregion

Anfangs begleitet uns noch der Nemunas (Memel), bis er südlich von Druskininkai in Weißrussland praktisch unerreichbar wird. Diese Region im Südosten Litauens ist die wald-, beeren- und pilzreichste. Sumpfgebiete und dünne Besiedelung ermöglichenein ungestörtes und vielfältiges Naturerlebnis. Der Forst Dainava ist mit über 1100 km² der größte Wald Litauens. Wer die Natur als Reiseziel schätzt, sollte sich Dzūkija nicht entgehen lassen. Besonders interessant ist hierbei der Dzūkija Nationalpark mit dem Schutzreservat Čepkeliai, in dem sich der größte Sumpf Litauens befindet. Im Sommer können Sie die überall am Wegesrand angebotenen, frischen Pilze und Beeren genießen. Der älteste Kurort Druskininkai bietet viele Freizeit- und Wellnessangebote. Und die weltberühmte Wasserburg Trakai rundet das Angebot ab.

Blick vom Stellplatz am Ilgis See bei Druskininkai, siehe Seite 69

Höhepunkte der Tour Dzūkija und Hauptstadtregion-

1 **DRUSKININKAI**

Litauens größter Kur- und Badeort mit Salzquellen, Tor zum Dzūkija Nationalpark. (Seite 64)

2 **TRAKAI**

Historische Wasserburg und frühere Hauptstadt, heute ein absoluter Touristenmagnet. (Seite 81)

3 **VILNIUS**

Das "jerusalem des Ostens", heute moderne Metropole und lebendige Kulturstadt. (Seite 86)

4 **DAS ZENTRUM EUROPAS**

Der geographische Mittelpunkt Europas, berechnet Nationalen Geographieinstitut Frankreichs (Seite 97)

5 **KERNAVE**

Ausgrabungsstätte der ersten Hauptstadt mit Spuren der 10.000-jährigen Besiedelung. (Seite 98)

Anreise

Wer sich von Polen her in die Routen durch Litauen einklinkt, gelangt vom polnischen Augustow in Masuren etwas südlich vom letzten größeren polnischen Ort Sejni (Senai) über die 16 zum Grenzübergang nach Litauen und folgt dort der 135 bis Lazdijai und weiter über die 134 nach Druskininkai.

Gut fünf Kilometer hinter der Grenze fällt rechts ein Schild mit Brunnensymbol auf – Gelegenheit, nötigenfalls den Wasservorrat zu füllen (Kanister!). Der Brunnen ist rechts, etwas unterhalb der Fernstraße über einen Pfad erreichbar (**GPS N54 12 55.0 E23 30 07.9**).Die Gaststätte gegenüber bietet die Gelegenheit zur ersten Rast im Reiseland. Wenn Sie auf dem Campingplatz Vitruna (20 km, siehe Seite 60) übernachten wollen, fahren Sie von Lazdijai auf der 132 nach Seirijai und dann über die 181 zum Campingplatz. Eine andere Übernachtungsmöglichkeit sind die Campingplätze in Leipalingis (30 km) und Druskininkai (50 km), die Sie von Lazdijai aus über 134 nach **Leipalingis** und von dort weiter über die 180 erreichen.

Beide Strecken führen durch leicht hügeliges Land, das von weiten Wäldern, aber auch großen Feldern und Wiesen geprägt ist, und all das durchsetzt mit sumpfigen Niederungen und Seen - ein Vorgeschmack auf Litauen. Die genannten Orte bieten allerdings nichts Überwältigendes. Unterwegs könnten Sie die Fluten eines der zahlreichen litauischen Seen testen, zum Beispiel am Aviris See südlich von Leipalingis. Wenn es Ihnen dort gefällt, können Sie Ihre erste Übernachtung in Litauen auf dem Campingplatz verbinden.

1 Druskininkai

Wenig später, in Druskininkai, sollten Sie etwas Zeit einplanen, denn der alte Kurort hat einiges zu bieten. Der für unsere Zungen verhältnismäßig anspruchslos zu lautierende Ortsname entstammt dem Wort **druska**, litauisch für Salz. Bereits 1794 ernannte der polnische König den Ort zur Heilstätte, der 1837 durch Zar Nikolaus Stadt wurde und das erste Sanatorium für Beamte des russischen Reiches bekam.

Genießen Sie den Bummel an der Promenade am See oder um den See herum, besichtigen Sie die Kirche und die alten Holzhäuser zwischen Nemunas (Memel) und dem Druskinis See. Schlendern Sie durch die Vilniaus gatvė und lassen sich in einer Kneipe oder einem Restaurant mit Kaffee und Kuchen oder der litauischen Küche verwöhnen. Ich habe mir in herrlichem Ambiente nahe der Kurpromenade an der Colonnade ein gegrilltes Lachssteak im Gemüsebett munden lassen.

Besondere Erwähnung hat der Springbrunnen vor dem Europa Hotel Royale mit Musikuntermalung verdient. Er sprüht nicht nur gleichmäßig seine Fontänen in die Höhe. Vielmehr wechseln die Wasserstrahlen im Wechsel zur Musik - ein interessantes (Wasser-)Schauspiel für Jung und Alt (... und Johannes Hund, der vor Freude auf den Brunnenrand sprang, auf dem polierten Granit ausrutschte und bäuchlings im Wasser landete - und sich so das Gelächter der Umstehenden sicherte.) Bei über 30° C war ihm das

LEIPALINGIS - POILSIAVIETĖ PRIE AVIRIO EŽERO

Stellplatzart: Campingplatz/Badestrand
GPS: N54 04 22.7 E23 54 52.5
Adresse: Leipalingis, an der 180
Tel.: +370 682 15181
mailto: audrone.aviris@gmail.com
Homepage: www.aviris.prieezero.lt
Zufahrtinfo: An der 180 4 km südlich von der Einmündung bei Lazdijai links ab ausgeschildert.
Kurzbeschreibung: Schönes Wiesengelände mit herrlichem Badestrand, überdachte Picknick- und Grillstellen, Stromanschluss. Dixi-Toilette, Beachvolleyball, Badesteg.

DRUSKININKAI - KEMPINGAS

Stellplatzart: Campingplatz
GPS: N54 00 32.8 E23 58 38.1
Adresse: 66204 Druskininkai,, Gardino g. 3
Tel.: +370 313 60 800
mailto: information@druskininkai.lt
Homepage: www.kemping.lt
Zufahrtinfo: Zunächst über die Nemunasbrücke und weiter durch die Veisnieju g. bis zur Ampelkreuzung. Dort rechts ab, der Ausschilderung folgen (Tourist Information und Campingplatz) nach 800 m links.
Kurzbeschreibung: Parzelliertes Wiesengelände am Waldrand, teils noch alte Bäume, teils Büsche und Blumenbeete, Picknickbänke/Grillstellen, Wasserhahn und Stromanschluss an allen Stellplätzen. Zwei Dixi-Toiletten sind für die Entsorgung der Campingtoilette umfunktioniert worden, und am oberen Ende des Platzes gibt es einen Bodenablauf fürs Grauwasser. Gute Sanitärausstattung, zudem ein Restaurant mit litauischer und armenischer Küche. Tourist Information im Hauptgebäude.
Sonstiges: Fußweg am See entlang in den Kurort etwa 10-15 Minuten.

Springbrunnen vorm Hotel Royale

vermutlich nicht allzu unangenehm. Oder lassen Sie sich und Ihre Gesundheit in einem der modernisierten Heilbäder verwöhnen. Das salzhaltige Mineralwasser, Fangopackungen und das milde Klima haben Druskininkai schließlich seit dem 17. Jahrhundert bekannt gemacht.

Aktivitäten in und um Druskininkai

Heute setzt man auch auf sportliche Aktivitäten wie Rad fahren oder Nordic Walking. Zahlreiche Touren durch die Wälder um den Kurort sind für die Radler ausgeschildert. Vor der Tür des Campingplatzes können Sie 9 oder 6,8 km auf markierten Pfaden stöckeln (Markierung gelbes bzw. blaues Dreieck). Am Druskinis See ist Baden nur an den ausgewiesenen Badestellen zugelassen. Eine kleine Tourist Information befindet sich direkt neben dem Eingang zum Campingplatz, eine weitere finden Sie in der K. Dineikos g. 14 . Hier bekommen Sie alle notwendigen Informationen über Wellness- und Freizeitmöglichkeiten, seien es Fango, Golf, Klettern oder Ski fahren.

Für all das sollte man auch gut essen. Wenn Sie gute litauische Gerichte genießen möchten, empfehle ich Ihnen einen Spaziergang von 10 Minuten vom Campingplatz rechts ab bis zur Ampel

Der Kurpark

an der Veisnieju gatvė. Dort gehen Sie links ab und entdecken (schräg gegenüber des Lebensmittelmarktes) etwas unterhalb den rauschenden Mühlbach des Mühlenrestaurants (Kavinė vido mulinas). Bei schönem Sommerwetter schmecken das Essen und ein kühles Bier auf der Außenterrasse mit dem Rauschen des Baches im Schatten des Kiefernwaldes nochmal so gut.

Nicht zuletzt gilt es noch auf einen weiteren interessanten Höhepunkt hinzuweisen: Das Forstecho, eine interessante Naturausstellung in einem schönen, ja ganz besonderen Holzhaus.

Verlassen Sie Druskininkai vom Campingplatz aus, an der Tankstelle vorbei südöstlich Richtung A4. Zunächst führt die Reise in nordöstlicher Richtung bis Grūtas. Dort erwartet Sie ein skurriler Skulpturenpark. Hauptthema sind Skulpturen sowjetischer Persönlichkeiten, was durch weitere Attraktionen, darunter ein Tierpark und ein kleines Teufelsmuseum, ergänzt wurde. Ihr Fahrzeug steht derweil auf dem recht belebten Parkplatz. Sie können dort auch übernachten, wenn Sie das möchten und der Umtrieb Sie nicht stört. Ein freundlicher Gruß nebst einem angemessenen Trinkgeld für das Wachpersonal an der Zufahrt zum Privatanwesen nebenan scheinen mir angebracht. Eine passable Alternative, zudem verbunden mit der Möglichkeit, sich im Badesee abzukühlen, bietet der See jenseits der A4. Ruhiger

Pausenzeit

Die Marienkirche

FORSTHAUS GIRIOS AIDAS (FORSTECHO)

Das Haus wurde vom Förster Algirdas Valavitschus entworfen und auf einem uralten Eichenstamm errichtet, der im Inneren trotz der Brandschäden von 1992 und dem anschließenden Wiederaufbau gut zu sehen ist. Eine reichhaltige Sammlung von Pflanzen und Tieren sowie Fachliteratur informieren über die Natur Litauens und den nahen Dzūkija Nationalpark, dessen endlose Wälder, Flora und Fauna. Beachten Sie die kleinen Höhlen im Eichenstamm, der so manche unheimliche Überraschung bereithält... (Bilder unten vom Museumsgelände).

Zur Abrundung empfiehlt sich ein Spaziergang durch den mit Skulpturen des Künstlers Balys Dabruskas reich verzierten Kiefernwald. Am Ende Ihres Besuchs mögen Sie die Bedeutung intakter Wälder für das Befinden von Mensch und Tier erkennen. Wenn das gelingt, ist das Ziel des Museums erreicht (**GPS** Parkplatz: N54 00 23.7 E24 00 11.0).

AUSFLUGSTIPP MIT DEM BOOT AUF DEM NEMUAS: LIŠKIAVA

Fragen Sie am besten in der Tourist Information beim Campingplatz nach Fahrplänen für den Bootsausflug von Druskininkai nach Liškiava. Dort haben Sie während des Aufenthalts die Möglichkeit zur Besichtigung der beeindruckenden Klosteranlage und der Kirche mit der mächtigen Kuppel. www.gelme-druskininkai.lt, Anlegestelle am Nemunas, Auskunft +370 612 269 82.

Von Grūtas aus (oder vom Badesee) können Sie auch das Fahrrad nehmen und hinüber nach Viečiūnai radeln (bzw. vom Ort aus wandern - einfacher Weg etwa 7,5 km). An der Gabelung bei der früheren Fabrikanlage halten Sie sich links und fahren auf dem Feldweg bis zum Nemunas. Nach etwa 2 km erreichen Sie die Grenze zum Dzūkija Nationalpark und folgen nach dem Bauernhof dem Feldweg links ab zum Ufer des Nemunas. Dort haben Sie einen schönen Blick auf die Kuppel der Kirche und zum Burgberg etwas außerhalb des Dorfes aus dem 15. Jh.

Und wenn Sie den Ausflug „landgebunden" mit dem Wohnmobil machen möchten, haben Sie von Merkinė aus nochmals die Gelegenheit.

ist es naturgemäß auf der Seite, die der Fernstraße abgewandt ist - ein prima Stellplatz für Natur- und Badefreunde.

Fährt man auf der A4 etwa 5 km zurück Richtung Druskininkai, weist ein Schild links nach **Latežeris**. Diesem folge ich zunächst, biege aber schon 300 m weiter dem Schild „Drožiniju Ekspozicija" folgend rechts ab. Ihr Wohnmobil stellen Sie am besten auf den

GRŪTAS - ILGIS EŽERO

Stellplatzart: Parkplatz/Zeltplatz
GPS: N54 02 09.6 E24 04 25.6
Adresse: Grūtas, etwas abseits der A4
Zufahrtinfo: Biegen Sie von der A4 gegenüber der Zufahrt zum Grūtas Park links Richtung Viečiūnai ab, nach 300 m rechts ab auf die Schotterzufahrt in den Wald zur Badestelle. Vorsicht! Bodenwellen und überhängende Äste können vorkommen.

Kurzbeschreibung: Öffentlicher Zeltplatz, ausgewiesene Picknickstelle im Kiefernwald am Badesee, Feuerstelle.
Sonstiges: Weitere Badestelle auf der Seeseite zur A4 hin, daher naturgemäß unruhiger (**GPS** N54 02 09.8 E24 04 49.1). Hier stehen Sie entlang der früheren Fahrstraße und damit kaum übernachtungstauglich.

GRŪTAS - GRŪTO PARKAS

Stellplatzart: Parkplatz
GPS: N54 01 29.7 E24 04 44.5
Adresse: Grūtas, Parko g.
Tel.: +370 313 555 11
mailto: info@grutoparkas.lt
Homepage: www.grutoparkas.lt
Zufahrtinfo: Fahren Sie auf der A4 in nordöstlicher Richtung, so erreichen Sie Grūtas nach wenigen Kilometern zügiger Fahrt. Der Skulpturenpark ist rechts ab gut ausgeschildert.
Kurzbeschreibung: Asphaltierter Parkplatz vor dem Eingang, WC (Gebühr), Souvenirstände. Grūtas Park ca. 300 m entfernt, im Park Einkehrmöglichkeit.

DER GRŪTAS PARK

Teils wurden die Lehren der Herren Marx und Engels vom Sowjetregime und dessen Satellitenstaaten aufs Äußerste missbraucht. Im Grūtas Park hat Viliumas Malinauskas sowjetische Monumente aus ganz Litauen zusammengetragen, welche früher auf öffentlichen Plätzen standen. Triebfeder zur Einrichtung des Parks war das Leid, welches das Sowjetregime litauischen Bürgern und Familien mit der Vertreibung und Deportation zugefügt hatte. Die Nachwelt soll das schwere Erbe der sowjetischen Besatzung nicht vergessen. Nach dem Besuch des Parks werden Sie verstehen, weshalb die Litauer den Schrecken der Sowjetzeit mit den Gräueln des NS-Regimes vergleichen. Nicht umsonst sind Hitler und Stalin in einer Ausstellung abgebildet - zur Mahnung, deren verbrecherischen Ideen nicht mehr hinterherzulaufen.
Öffnungszeiten/Info: Hauptsaison tgl. 9^{00}-20^{00} h, sonst bis 17^{00} h, www.grutoparkas.lt – Eintritt!). Für die kleinen Gäste gibt es einen Spielplatz und einen kleinen Zoo.

NAUJASODĖ - SKULPTURENPARK

Stellplatzart: Parkplatz
GPS: N53 59 29.8 E24 02 13.3
Adresse: Naujasodė (südlich der 5003)
Tel.: +370 313 52 448, mobil +370 587 93 694
Homepage: www.cesnuliusodyba.lt
Zufahrtinfo: Von der A4 Richtung Latežerys, nach 300 m schräg rechts ab und 1,5 km bis zum Parkplatz.
Kurzbeschreibung: Geschotterter Parkplatz mit Mülltonne, ohne weitere Ausstattung. Als Übernachtungsplatz weniger attraktiv. Daher bietet Antanas an, auf Anfrage nach dem Besuch seines Skulpturenparks im Hof zu parken. Dass man dies mit einem angemessenen Obolus in die Spendenkasse honorieren sollte, versteht sich von selbst.

DER NAUJASODĖ SKULPTURENPARK

Antanas Česnulis hat hier eine Windmühle errichtet, die gar nicht wirklich eine ist. Vielmehr beherbergt sie in vier Stockwerken kunstvoll geschnitzte Figuren (Eintritt!). Sie ist der Blickfang, wenn man das Eingangstor zum Hof durchschreitet.

Im Außenbereich setzt sich die Ausstellung im liebevoll mit schier zahllosen Holzschnitzereien angelegten Park fort. Dort entdecken Sie weitere Skulpturen – aus meiner Sicht ein Muss für jede Litauenreise!

Ein Freund des Künstlers bezeichnet Antanas Česnulnis im Gespräch mit uns als „Leonardo da Vinci" von Litauen. Er sei nicht nur ein begnadeter Künstler, sondern beherrsche auch technische Dinge, verstehe viel von Physik und Chemie und habe zudem die Begabung, aus allem etwas Schönes oder Interessantes für Gäste und Freunde zu machen.

Parkplatz, der nach 1,5 km unübersehbar erreicht wird. Sie möchten hier auch gleich übernachten? Dem spricht nichts entgegen.

Fährt man die 1,5 km Zufahrtstraße (Schotterweg) zurück und biegt scharf rechts ab Richtung **Latežeris**, fällt nach 5 km an der Straßengabelung eine nette Skulpturengruppe an der Abzweigung auf. Biegen Sie dort zu einem naturverbundenen Bade- und Picknickplatz rechts ab. Am ersten der beiden beschriebenen Plätze habe ich übrigens mehrfach, auf dem zweiten Platz ein weiteres mal gut und ruhig in herrlicher Umgebung am See unter hohen Kiefern übernachtet. Besonders schätze ich an solchen Plätzen, dass es leicht fällt, mit Leuten aus der Urlaubsregion ins Gespräch zu kommen, die auch auf einen Kurzausflug dort sind, oft mit Zelt, manchmal auch mit Wohnwagen, was übrigens die wohl häufigste Art zu reisen der Einheimischen ist.

Der Schotterweg führt weiter durch lichten Kiefernmischwald ins Grenzgebiet nach Weißrussland – Weiterfahrt ist also sinnlos! Für einen Spaziergang bis zum Ende des Sees ist er aber allemal geeignet. Da es also faktisch eine Sackgasse ist, muss man

LATEŽERIS - LATEŽERIS EŽERA

Stellplatzart: Parkplatz/Zeltplatz
GPS: N53 59 03.4 E24 06 21.2
Adresse: Latežeris - Kein Straßenname
Zufahrtinfo: An der Skulpturengruppe rechts abbiegen auf die stellenweise holprige Schotterstraße. Der Platz liegt nach 650 m rechts. Die Schotterstraße ist bei vorsichtiger Fahrweise problemlos, zumindest bis zum ersten Zeltplatz. Danach wird sie enger und teils durch Äste überragt.
Kurzbeschreibung: Kleiner Parkplatz neben der Picknick- und Grillstelle mit Seezugang.
Sonstiges: Der zweite Platz liegt idyllisch auf der anderen Seite der Bucht des Latežeris ez. Dort gibt es einen Seezugang, aber keine weitere Ausstattung (einfache Schotterfläche abseits der Straße) etwa 900 m weiter. **GPS N53 58 53.0 E24 06 33.0.**

ABSTECHER NACH MUSTEIKA/HONIGMUSEUM

Das Museumsprojekt ist sehr interessant, das Geholper auf der Schotterpiste lohnt sich. In dem kleinen Dorf am Rande Litauens ging es auf eine private Initiative zurück, dass man zur Erhaltung alter Herstellungstraditionen der Imkerei beitragen wollte. So erhält man beispielsweise Hinweise, wo und wie man feine Kiefernwurzeln für die Herstellung schöner Körbe (auch Bienenkörbe) findet, schneidet und flicht. Der Eintritt ins Museum beträgt übrigens € 1,00 (Bild unten links).

Zu sehen sind auch Bienenkästen, die hoch oben an Kiefernstämmen befestigt wurden (Bild unten rechts), um einigermaßen diebstahlsicher Honig zu gewinnen (und damit waren nicht nur Bären gemeint).

Von weither kommen ganze Familien, Schulklassen, Jugendgruppen etc., um all das kennenzulernen und sich selbst darin zu üben. Stellen Sie sich also kein angestaubtes „Heimatmuseum" vor, sondern eine kleine Ausstellung, in der handgefertigte Alltagsgegenstände nicht nur gezeigt, sondern auch selbst hergestellt werden können.

Die geschotterte Zufahrt ist ausgeschildert (geradeaus), während die 5003 sich fast schnurgerade durch die endlosen Wälder Richtung Marcinkonys zieht. In Musteika zweigt die Zufahrt zum Museum rechts ab und führt etwa 500 m auf recht schmalem Forstweg zum Ziel. Parkplatz **GPS N53 57 29.5 E24 22 06.6.**

Im Honigmuseum

Bienenstock

ROUTE 2

zurück bis Latežeris fahren. Dort geht es rechts ab weiter zum größten Nationalpark Litauens, dem **Dzūkija Nationalpark.** Er ist von endlosen Wäldern, Wiesen und Mooren geprägt. In diese eingebettet finden Sie schöne Siedlungen, die meist verstreut in den Wäldern liegen. Auf zwei davon möchte ich besonders hinweisen. Die Fahrt nach **Marcinkonys** ist dabei völlig problemlos, da Ihr Wagen auf Asphalt rollt. Das entlegene Dörfchen **Musteika** ist dagegen nur über eine teils ziemlich holprige Schotterpiste erreichbar (abschnittsweise waschbrettartig), und das auf fast 20 km. Schotterpisten, zumal längere ruppige Abschnitte, sind nicht jedermanns Sache. Wer sich und die Federung des Wohnmobils schonen möchte, bleibt auf der 5003 und fährt direkt nach Marcinkonys. Naturliebhaber finden dort einen schönen Parkplatz mit Bade- und Übernachtungsmöglichkeit. Das Informationszentrum des Nationalparks ist ins Gebäude der bisherigen Tourist Information umgezogen. Das 800 Einwohner zählende Marcinkonys ist eines der flächenmäßig größten Dörfer Litauens. Der Ort zieht sich auf beiden Seiten der Hauptstraße bis hin zu etwas abseits gelegenen Gehöften entlang. Bedeutung erhielt die frühere Streusiedlung Mitte des 19. Jh. durch den Bau der Bahnlinie von St. Petersburg nach Warschau, welcher der stattliche Bahnhof zu verdanken ist, wenngleich die Strecke mittlerweile an der Station Marcinkonys endet.

Der Zackagiris Wanderweg

Neben dem Wanderpfad ins Čepkelių Moorgebiet kann ich diesen Wanderweg von **Marcinkonys** aus empfehlen. Johannes ging

Unterwegs im Dzūkija Nationalpark

MARCINKONYS - KASTINO EŽERA

Stellplatzart: Parkplatz/Zeltplatz
GPS: N54 03 33.7 E24 25 23.8
Adresse: Marcinkonys, Kastinio g.
Zufahrtinfo: Im Ort Richtung Bahnhof fahren, die Bahnlinie überqueren, dann links abbiegen (Richtung Linežeris). Nach 1,7 km entlang der Bahn, das letzte Stück auf Schotter, ist der Parkplatz vor dem Badesee erreicht.
Kurzbeschreibung: Geschotterte Parkfläche, Mülltonnen. Am See teils überdachte Picknickbänke, Umkleidehütten, Beachvolleyball und schöner Badestrand.

DER DZŪKIJA NATIONALPARK

Es handelt sich um den größten litauischen Nationalpark, wovon 80% bewaldet sind. Er umfasst eine abwechslungsreiche Landschaft mit einer beeindruckenden Flora und Fauna. Im Westen wird das Schutzgebiet vom Nemunas (Memel) begrenzt und ist die Heimat für 4.300 Einwohner.

Noch viel wichtiger im Sinne des Naturschutzes ist die Tatsache, dass eine schützenswerte Tier- und Pflanzenwelt gegeben ist, die 624 Pflanzenarten (43 geschützte), 183 Vogelarten (32) und 2.245 Insektenarten (28) umfasst.

Das Nationalparkzentrum befindet sich in Marcinkonys an der Durchgangsstraße, Miškininkų str. 61, +370 672 46388 (zusammen mit der Tourist Information). Es werden geführte Touren in die Wälder des Čepkeliai Reservats angeboten (Anmeldung erforderlich). Ein weiteres Besucherzentrum befindet sich im Ort Merkinė, Vilniaus str. 3, +370 672 46275.

Auf eigene Faust ist der Zugang in das Reservat nur eingeschränkt mit einer Sondergenehmigung außerhalb der Brutsaison (April bis Juni) erlaubt. Sind Sie zur passenden Zeit hier, sollten Sie die 3,2 km weite Fahrt ins Auge fassen, dem etwas holprigen Schotterweg zum Trotz. Vom **Wanderparkplatz Čepkelių raistas** (**GPS** N54 01 12.8 E24 24 43.7) aus steht Ihnen eine herrliche Wanderung auf dem Moorrundweg offen.

Zunächst wandern Sie auf einem Forstfahrweg etwa 20 Minuten zu einem Picknickplatz. Von dort sind es nur noch wenige Schritte zu einem Aussichtsturm, der einen Blick weit über die Moorfläche ermöglicht, die sich zwischen den bewaldeten Zügen der zum Stillstand gelangten und jetzt bewaldeten Sanddünen gebildet hat (Bild unten).

Vom Turm aus steigen Sie über eine Treppe zum Moor hinab und gehen rechts hinüber zunächst zu einer weiteren Aussichtsplattform, die auf einem kleinen Stichweg nach links erreicht wird. Dann in weitem Rechtsbogen durch den Kiefernwald auf den Endmoränenhügel zum Aussichtsturm und von dort zurück zum Wohnmobil gehen. Mit einer ordentlichen Portion Glück beobachten Sie seltene Tiere wie einen Fischadler, Elche usw. Und die Pflanzenwelt ist ebenso vielfältig.

Erwähnenswert ist in Marcinkonys weiterhin das ethnografische Museum im Ort, das in einem schmucken Bauernhaus untergebracht ist. Im Jahr 2014 präsentierte es sich als Baustelle, denn die maroden Holzhäuser müssen neu aufgebaut werden, um später wieder im alten Glanz zu erstrahlen (gegenüber Poststelle/Rathaus, Einkehrmöglichkeit etwas weiter im Ort).

seinerzeit den kurzen Weg gemeinsam mit einer litauischen Familie, mit der er sich auf Englisch unterhalten konnte, nur zur Hälfte. Wobei diese Hälfte, die er mit seinen zufällig getroffenen Wanderfreunden ging, nach deren Aussage die schönere ist.

Der Abschnitt liegt östlich der Ortsstraße. Zwar hatte er sich beim Zugang zum Wanderweg ziemlich vertan, was den Bauarbeiten am Informationszentrum und den deshalb fehlenden Markierungen geschuldet sein dürfte. So musste er querfeldein zum richtigen Pfad gelangen und verpasste die Hahnendüne, eine tatsächlich noch in Bewegung befindliche Sanddüne.

Aber er konnte den „Bärenhintern" sehen, ein Sumpfgebiet, das im Volksmund so bezeichnet wird. Meister Petz zeigt nicht wirklich das Hinterteil.

Wer mag, kann die Schleife zum Blinden See, einem verlandenden See, erwandern und im weiteren Verlauf Biberbauten und das Quellgebiet der Zackagiris entdecken, bevor man bei der Tourist Information ins Dorfzentrum zurück gelangt.

Der Pfad ist mit einem weißen Rechteck mit diagonalem rotem Balken gut markiert. Die Gesamtlänge beträgt 13,8 km, die kleine Route 7 km oder 10,5 km. Gut parken können Sie auch bei der Kirche, von wo Sie in den Wanderweg einsteigen können. Bevor Sie den Ort verlassen, sollten Sie dort, wo die kerzengerade Straße

Stellplatz am See

Ein typisches Holzhaus

links abknickt, Ihren Wagen abstellen und einen Blick in die gelb getünchte Kirche werfen. Sehenswert ist im Außenbereich auch der Kreuzweg.

Dann führt Sie die 5011 dem Flusslauf der Gruda folgend Richtung Merkinė. Doch zuvor sei für Paddelfreunde angemerkt, dass Sie sich schier in einem Paradies für diese Sportart befinden. Die Gruda und die etwas weiter östlich fließende Ula sind hervorragend fürs Paddeln geeignet.

Entlang der Straße finden sich überdies einige Picknickplätze (stets mit Picknicksymbol „Tanne mit Tisch" gekennzeichnet), der erste schon bald nach Marcinkonys (**GPS N54 05 33.6 E24 22 35.6**). An diesen Plätzen ist eine freie Übernachtung für Naturfreunde denkbar. Ob Sie Ihnen gefallen, können Sie nur selbst entscheiden.

Doch vielleicht haben Sie ein Paddelboot an Bord? Dann können Sie es vom Zeltplatz Puvočiai aus zu Wasser lassen. Und dass dieser ruhige Zeltplatz (auf dem an Wochenenden im Sommer allerdings reger Besucherandrang herrscht) einen prima Übernachtungsplatz abgibt, sei hier gerne erwähnt, zumal der Campingpreis ausgesprochen günstig ist.

Auf der Fahrt Richtung **Merkinė** passiere ich die Flüsse Skroblus und Merkys. In Merkinė fällt die orthodoxe Kirche im Zentrum auf. Heute beherbergt sie das Dorfmuseum. Doch bietet der Ort

Der See in Marcinkonys

ROUTE 2

PUVOČIAI - MERKIOKRANTAS

Stellplatzart: Campingplatz
GPS: N54 07 16.0 E24 18 23.9
Adresse: Puvočiai, Ortszentrum
Tel.: +370 (687) 82047
mailto: labas@merkiokrantas.lt
Homepage: www.merkiokrantas.lt
Zufahrtinfo: Auf der 5011 nordwärts Richtung Merkinė fahren. An der Ortsdurchfahrt rechts ab ausgeschildert - Zufahrt ab dem Ort Schotter.
Kurzbeschreibung: Weitläufiges Wiesengelände mit Picknick-/Grillstellen, die an Wochenenden und in den Ferien bei Paddlern/Kajakfahrern sehr beliebt sind. Dann ist es auch schon mal etwas unruhig. Trockentoilette, Müllcontainer.
Sonstiges: Die Rezeption ist telefonisch erreichbar. Wer persönlich hinfahren möchte, erreicht das Privathaus der Verwaltung im Ort (beim kleinen Lebensmittelgeschäft links abbiegen - GPS N54 06 50.8 E24 18 15.0). Das dunkle Holzhaus auf der rechten Seite trägt den Schriftzug Merkiokrantas.

noch mehr: Um die jüdische Gedenkstätte zu finden, fährt man zwischen Polizeistation und Supermarkt hinunter. Sofern Sie allerdings ein größeres Wohnmobil besitzen, sollten Sie besser eine kleine Wanderung daraus machen. Es gibt für größere Fahrzeuge keinen ausreichenden Parkplatz am Waldrand. Im Ort weist darüber hinaus kein Hinweisschild darauf hin. Erst am Parkplatz steht dann ein Schild: 500 m zum „Holocausto".

Im Ortszentrum möchte ich zwei Kirchen zur Besichtigung empfehlen. Einerseits ist es die beeindruckende, neobarocke Pfarrkirche.

Auch die (ehemalige) orthodoxe Kirche mitten im Ort sollten Sie besuchen. In ihr ist das Ortsmuseum untergebracht. In dem jüngst schön renovierten Kirchengebäude wurde eine sehens-

Die Kirche in Merkine

MERKINĖ – ORT DES GEDENKENS

In Merkinė gibt es sieben Friedhöfe – nicht das, was man gemeinhin als Ausflugsziel versteht. Doch der jüdische Friedhof, auf dem die Opfer der SS-Greuel ihre letzte Ruhe gefunden haben, sowie ein deutscher und ein russischer Soldatenfriedhof bieten die Gelegenheit zum Innehalten und Nachdenken.

Zur Gedenkstätte für den Judenmord der Nazis gelangen Sie auf einem ausgedehnten Spaziergang. Fahren Sie, wie schon erwähnt, nur mit einem kleineren Reisemobil (max. 6 m) beim Rathaus links hinab, über den Bach und durch die Gardino gatvė bis zum blauen Parkplatzschild. Die Hinweistafel „Massinių Žudinių Vokiškosios Okupacijos Metais Vieta" weist auf die Gedenkstätte hin. Nun liegen 10-15 Minuten Fußweg durch den Kiefernwald zur Gedenkstätte vor Ihnen, wo 3000 Juden auf grauenhafte Weise den Tod fanden. Die Ehrfurcht vor dem Leid der Opfer gebietet es, den ohnehin kleinen Parkstreifen auf Gras am Wegrand nicht als Übernachtungsplatz zu nutzen.

werte, nach den Epochen der Geschichte des Ortes aufgebaute Ausstellung geschaffen.

Abstecher nach Liškiava

In Merkinė fahre ich in die Flussniederung. Unterhalb des Ortes, noch bevor Sie die Brücke über den Nemunas überqueren, können Sie entweder den Parkplatz links der Straße oder den Picknickplatz rechts unten am Fluss (**GPS** N54 09 29.0 E24 10 49.5) ansteuern. Letzteren betrachte ich dabei als durchaus übernachtungstauglich. Bei den Einheimischen ist er zum Angeln und Baden beliebt. Von hier können Sie auf den aussichtsreichen Burgberg (Piliakalnis) steigen und den Blick auf den Nemunas mit der Mündung des Flüsschens Merkys genießen.

Das Kloster von Liskiava

Nun folgen Sie der 133 ein gutes Stück westwärts Richtung Leipalingis und Druskininkai. Doch verpassen Sie nach gut 12 km die Abzweigung links ab nach **Liškiava** nicht, das über eine gut ausgebaute Schotterstraße erreicht wird.
Im Ort führt die Straße an der Kirche vorbei talwärts, bis linker Hand ein Parkplatz am Fuß des Burgberges zum Halt einlädt (**GPS N54 04 53.2 E24 03 01.8**). Nutzen auch Sie die Gelegenheit zum Spaziergang auf den Burghügel, der sich für eine mittelalterliche Burg geradezu aufgedrängt haben muss. Unübertrefflich ist der Blick flussaufwärts und hinab. Vor allem aber beeindruckt die grandiose Aussicht auf die Barockkirche. Dieser Parkplatz ist angesichts der Lage an der Ortsdurchfahrt nur bedingt übernachtungstauglich. Eine Einkaufs- und Einkehrmöglichkeit (Kavinė) finden Sie kurz nach der Kirche.

Der mit Trittstufen angelegte Fußpfad führt in wenigen Minuten vom Parkplatz zum Burgberg. Hat man den Ausblick (Foto nächste Seite) ausführlich genossen, sollte man die im 17. Jh. im Barockstil erbaute Dreifaltigkeitskirche besichtigen.

Am Kirchenbauwerk wurden von 1990-97 Reparaturarbeiten vorgenommen. Es gilt als eines der meistbesuchten Ziele der Region, ja ganz Litauens. Wandmalereien und sieben Rokokoaltäre machen das Gotteshaus zum Schmuckstück.

Doch eine weitere, aufwändige Restauration wäre dringend erforderlich. Das Gotteshaus war über allzu lange Zeit dem Verfall preisgegeben. Nachdem der Jakobinerorden das Grundstück von Jurgis Kosyla erhalten hatte, mit der Auflage, eine Klosterkirche zu errichten, war hier der prunkvolle Wallfahrtsort entstanden. Doch das Klosterleben endete 1813 mit dem Tod des letzten Mönches. Das Kloster ging in die weltliche Verwaltung über, was

Blick vom Burgberg (Piliakalnis) auf das Kloster Liškiava und die Memel

MERKINĖ - BADESEE

Stellplatzart: Zeltplatz
GPS: N54 10 32.8 E24 13 22.9
Adresse: Merkinė - neben der A4
Zufahrtinfo: Im Ort zunächst zur A4 halten, dann links abbiegen Richtung Vilnius. Nach knapp 800 m links ab (ausgeschildert als Rastplatz). Am ersten See ein von der A4 her gut einsehbarer und unruhiger Parkplatz. Fährt man weiter zum zweiten See, gelangt man an der Gabelung links fahrend zur Zeltwiese, an der sich auch für Wohnmobile eine Parkmöglichkeit bietet. Zufahrt Schotterweg, aber gut befahrbar.
Kurzbeschreibung: Leicht schräg, aber herrliche Lage am See. Mehrere überdachte Picknickstellen, Umkleidekabine, Trockentoilette. Der Platz ist offiziell als Campingmöglichkeit ausgewiesen.

zu Sowjetzeiten nicht der Erhaltung dienlich war. Dennoch ist es einen Besuch wert, denn in den Klostergebäuden hat man zuletzt ein Kulturzentrum geschaffen und so den Erhalt der Gesamtanlage gesichert. **Öffnungszeit**: Täglich (außer Mo) 10^{00}-12^{00} und 14^{00}-16^{00} Uhr. www.liskiava.lt.

Nun fahre ich zurück nach Merkinė und habe die Entscheidung vor mir, auf welcher Route ich das nächste Reiseziel ansteuern soll. Ich entscheide mich für die südliche Variante und möchte nicht unerwähnt lassen, dass ich nun einen etwas größeren Sprung durch eine eher etwas eintönige Landschaft machen werde. Deshalb raste ich zunächst an einem schönen Badesee, denn nach wie vor zeigt das Thermometer an die 35° C an.

Da kommt der See, der nach dem Einbiegen auf die A4 links liegt, sehr gelegen. Genauer gesagt ist es der etwas im Hintergrund liegende zweite See, an der Johannes mit seiner Familie in der Vergangenheit auch schon prima übernachtet hatte. Dieses Mal dient er mir „nur" als Picknickstelle am Wasser und für eine kurze Abkühlung.

RŪDIŠKĖS - HARMONIE

Stellplatzart: Campingplatz
GPS: N54 30 25.6 E24 53 25.8
Adresse: Rudiškės, Landgut Harmonie
Tel.: +370 61421560
mailto: wim_brauns@hotmail.com
Homepage: www.harmonielitouwen.nl
Zufahrtinfo: Wie im Text beschrieben von der 220 in Rudiškės rechts ab, über die Bahn Richtung Paluknys, nach 4 km rechts zum Campingplatz. Von Paluknys kommend auf derselben Schotterstraße 10,7 km fahren, dann links zum Campingplatz.
Kurzbeschreibung: Großzügiges Campinggelände, teils Schatten durch Bäume, Aufenthaltsraum, Stromanschluss, Ver-/Entsorgung. Waschmaschine/Trockner gegen Gebühr. Kosten (2014): Stellplatz € 13,50/Tag zzgl. Strom € 3,50. Bild unten. **Öffnungszeiten**: Mai-Mitte September.
Sonstiges: Der Inhaber aus den Niederlanden versteht sich nicht als Betreiber mit höchstmöglicher Gewinnerzielungsabsicht. Deshalb bietet er z. B. im Aufenthaltsraum Kaffee an, verleiht Mountain Bikes und bietet geführte Radtouren an, bringt seine Gäste zum Bahnhof Rūdiškės und zurück und verlangt dafür keinen festen Preis. Wer einen Obolus in die Kasse wirft, ist sich des Dankes von Wim Browns sicher.

Mein nächstes Ziel liegt schon fast vor den Toren der ehemaligen Hauptstadt Litauens, die Wasserburg Trakai. Doch bevor ich dorthin fahre, habe ich einen Campingplatz ausfindig gemacht, der nicht nur schön und absolut ruhig gelegen ist, sondern einige nicht

Der Campingplatz Harmonie

Im Park Užutrakis

selbstverständliche Serviceleistungen bietet. Zuvor allerdings steht, wie schon erwähnt, die Wahl der „richtigen“ Fahrtroute an.

2 Unterwegs zur Wasserburg Trakai

Wenn Sie vor dem Besuch der Wasserburg Trakai auf einem Campingplatz übernachten wollen, wäre mein ganz persönlicher Tipp der in **Rūdiškės**. Von hier sind es ca. 20 Minuten nach Trakai. Die landschaftlich abwechslungsreiche Strecke führt über Alytus und dann über die 220 in östlicher Richtung nach Rūdiškės.

Ich fahre über die A4 und die A16 direkt durch und komme am frühen Nachmittag in Trakai an. Kaum ist die Ortseinfahrt erreicht, weist ein Schild auf das Schloss und zudem auf den Campingplatz Slėnis hin, der auf der anderen Seite des Sees liegt.

In Trakai spüren Sie, dass der Touristenrummel seinen Tribut fordert. Im Ort selbst findet sich kaum ein Parkplatz, den ich als Stellplatz über Nacht empfehlen würde.

Nach einem kurzen Besuch der Wasserburg, entschließe ich mich, am nächsten Morgen wiederzukommen, wenn weniger Menschen unterwegs sind. Nach dem Tanken und ein paar Einkäufen, darunter mit Blaubeeren eingelegte Schaschlikstücke aus Hühnchenfleisch, entscheide ich mich für den wunderbar

Abendstimmung beim Parkplatz von Gut Užutrakis

TRAKAI - SLĖNIS

Stellplatzart: .... Campingplatz
GPS: N54 40 02.4 E24 55 45.8
Adresse: .... Trakai, Slenio g. 1
Tel.: .... +370 528 53880
mailto: .... info@camptrakai.lt oder slenyje@gmail.com
Homepage: .... www.camptrakai.lt
Zufahrtinfo: Knapp 2 km nach Trakai Zufahrt ausgeschildert.
Kurzbeschreibung: Sehr schöne Lage auf einer Halbinsel im Galvės See mit herrlichem Blick zur Festungsanlage Trakai. Ver-/Entsorgung beim Sanitärgebäude, Restaurant, Sauna, WiFi. Mit Kosten von knapp € 30 ist der Platz teuer.
Öffnungszeiten: Ganzjährig.

TRAKAI - UŽUTRAKIS

Stellplatzart: .... Parkplatz
GPS: N54 39 48.4 E24 56 43.0
Adresse: .... Trakai, Užutrakių g
Zufahrtinfo: Zunächst Zufahrt wie zum Campingplatz, jedoch an dessen Abzweigung geradeaus halten und bis zum Ende der Straße folgen.
Kurzbeschreibung: Parkplatz vor dem Schlossmuseum.
Sonstiges/Alternative: Auf halber Strecke befindet sich ein neuer Parkplatz (Rasengittersteine) nebst Badestrand mit Mülltonnen, Picknickbänken (**GPS N54 40 11.5 E24 56 13.4**).

DAS GUT UŽUTRAKIS

Das Schloss des Grafen Józef Tyszkiewicz nebst herrlicher Parkanlage und Skulpturengarten wurde in den Jahren 1897-1902 erbaut und aufwändig gestaltet. Einen viel schöneren Ausblick von der Terrasse des Gutes zur Seeseite hin kann man vielleicht in ganz Litauen kaum genießen.

Einen Besuch sollten Sie sich nicht entgehen lassen, sei es als ausgedehnter Spaziergang vom Campingplatz aus, als Radtour um den See oder mit dem Ausflugsboot von Trakai aus.

Das Schloss und der Park war noch vor wenigen Jahren ein ziemlich vernachlässigtes Gut in traurigem Zustand. Heute strahlt das neoklassizistische Gebäude nach aufwändiger Restaurierung in neuem, altem Glanz. Alleine die Stukkateure hatten 4 Jahre Arbeit, um die prunkvollen Stuckelemente wieder in den alten Zustand zu versetzen.
Užtrakio g. 17, Trakai, Mär-Dez 11-19 Uhr,+370/528 55006, www.seniejitrakai.lt

ruhigen Parkplatz des Gutshauses Užutrakis und verbringe einen wundervollen, farbenprächtigen Abend am See, und das allein.

Die Wasserburg mitten in der Seenlandschaft des **Historischen Nationalparks Trakai** am Rande der 7000 Einwohner zählenden Stadt sollte auf keiner Reise nach Litauen fehlen. Doch lassen Sie sich nicht nur von der Burg in den Bann ziehen, sondern schenken der Stadt und der Natur, die sie umgeben, Beachtung.

Durch den wunderschönen Park von Užutrakis habe ich noch am Abend einen Spaziergang gemacht und die Wasserburg gesehen. Steht man auf der großzügigen Freiterrasse des Schlosses zur Seeseite hin, ist man vom Blick auf die Burg von Trakai fast überwältigt - vielleicht einer der schönsten Aussichtspunkte Litauens!

Wer möchte, findet auch im Park eine Badegelegenheit im See oder kann gemütlich auf einer Parkbank sitzend die Atmosphäre genießen. Im Palast werden wechselnde Ausstellungen gezeigt, dauerhaft jedoch die Ausstellung des über die Jahre wieder rekonstruierten Interieurs der Familie Tyszkiewicz.

Es sind nicht etwa Originale zu sehen. Vielmehr wurden Möbelstücke etc. anhand von Fotografien wieder hergestellt. So lässt sich recht gut ein Eindruck gewinnen, wie das Leben des Hochadels vor 100 Jahren vonstatten gegangen sein mag.

ROUTE 2

Am oder um den Galvės See

Ich fahre morgen sehr früh den kurzen Weg nach Trakai und finde sogar einen Parkplatz in der Trakų g.. Genau einen... Den Rückweg müssen Fußgänger auf gleichem Weg zum Fahrzeug zurücklegen, Radfahrer haben dagegen die Möglichkeit, eine Rundfahrt um den See zu machen. Im Ort sind noch mehrere Parkplätze ausgewiesen, alle sind gebührenpflichtig. Von meinem Parkplatz aus habe ich nur einen kurzen Weg zur Burg und ins Karäerviertel. Eine gute Idee ist auch eine Bootsfahrt vom Campingplatz Slėnis aus. Den Heimweg organisiert übrigens die Rezeption des Campingplatzes gern mit einem Taxi. Sofern Sie ein Fahrrad dabei haben, ist das sicher die nahezu beste Alternative, um den See zu umrunden bzw. vom Campingplatz nach Trakai bzw. Užutrakis zu gelangen.

Sehenswertes in Trakai

Den Ort durchquert man auf der Vytautas gatvė der Länge nach bequem auch zu Fuß. Alle Sehenswürdigkeiten reihen sich wie

Perlen an ihr ohne lange Zugangswege auf. Die Touristinformation finden Sie in Haus Nr. 69, nahe dabei die orthodoxe Kirche.

Die Straße gabelt sich bald – links in das Karäerviertel, über das Sie in der grauen Infobox gegenüber Informationen finden. Rechts hinüber gelangt man zur Festung, wobei Sie zuvor natürlich die Reste der alten Burg und das Museum zur Stadtgeschichte besichtigen können. Die berühmte Wasserburg ist dann über eine Fußgängerbrücke von der Stadt erreichbar - und umgekehrt. Drinnen können Sie sich einen Eindruck über den Aufbau einer typischen Burganlage machen und das bereits erwähnte Burgmuseum besuchen.

Sehenswert ist im Ort die zweitürmige Kirche St. Maria Verkündigung mit ihrer prachtvollen Barockzierde, die sie nach der russischen Zerstörung beim Wiederaufbau im 17. Jh. erhielt. Denn eigentlich ist sie einer der ältesten Kirchenbauten Litauens und datiert in das 15. Jh. zurück.

Da zum Urlaub selbstverständlich auch die gemütliche Einkehr in einem Restaurant gehört, freut man sich über das vielfältige Angebot in Trakai. Meine Entscheidung fällt auf ein Restaurant an der Promenade am Rand des Karäerviertels – des Blickes auf die Burg wegen. Hier ließen sich Katja undJohannes vor Jahren schon die litauische Küche mit einem guten Fisch und Cepelinai in

Die Wasserburg

DIE WASSERBURG TRAKAI

Burg und Stadt sind eine Gründung des Großfürsten Gediminas, gehen also auf den Anfang des 14. Jh. zurück. Zunächst lag die Burg auf einer Halbinsel nahe dem heutigen **Karäerviertel**. Von der alten Festung ist nicht viel übrig. Im intakten Teil ist das historische Museum Trakai untergebracht. Gediminas' Sohn verlegte die Burg auf die Insel, um gegen die Angriffe der Deutschordensritter besser geschützt zu sein. Dazu wurde die Halbinsel durch einen tiefen Wassergraben vom Land abgetrennt. 1655 zerstörten russische Truppen die mächtige Festung. Sie wurde nach dem II. Weltkrieg Stück für Stück wieder aufgebaut, was den Sowjets ein Dorn im Auge war, steht sie doch für die Freiheitsbewegung und die Eigenständigkeit eines selbstbewussten Litauens. Heute beherbergt die Festung ein interessantes **historisches Museum**, das viel über Trakai und die Geschichte Litauens zeigt.
Ganzjährig offen, www.trakaimuziejus.lt, +370 528 53946

Großfürst Vytautas holte während seiner Regierungszeit Karäer von der Halbinsel Krim hierher. Sie gehören einer altgläubigen, jüdischen Glaubensrichtung an und bewahren bis heute als kleinste ethnische Minderheit Litauens ihre Kultur und Sprache, leben zumeist in typischen Holzhäusern, die mit der Giebelseite zur Straße hin stehen. An der Karaimų gatvė 22 finden Sie das Gebetshaus und das Karäische Museum (Mo/Di geschl., sonst 10-18 Uhr), wo Sie sich eingehender mit der Kultur und Geschichte dieser Volksgruppe befassen können.
Geöffnet April - Oktober, www.trakaimuziejus.lt, +370-528-55286

ROUTE 2

Karäische Holzhäuser

verschiedenen Varianten schmecken. Die karäische Spezialität Kibinai (hackfleischgefüllte Teigtaschen) schmeckten mir diesmal sehr gut. Zuletzt möchte ich auf den reichhaltigen Bauernmarkt am Ortseingang hinweisen. Dort finden Sie bei Ihrem Besuch für wenig Geld je nach Saison Heidelbeere, Himbeeren, Tomaten, Gurken und was der Garten sonst noch so hergibt. Die Qualität ist durchweg sehr gut, weshalb Sie an Markttagen zugreifen sollten, um Frisches von den Erzeugern zu erwerben.

Von der früheren geht es nun weiter in die aktuelle Hauptstadt des Landes. Zunächst darf ich Ihnen empfehlen, Ihren Besuch in der Hauptstadt Vilnius gut vorzubereiten. Die Größe der Stadt macht es nötig, sich auf das Wesentliche zu beschränken. Das dürfte vor allem die Altstadt sein, die nicht umsonst dem UNESCO Welterbe zugerechnet wird. Es ist eine beeindruckende Hauptstadt, die nach den Zerstörungen im Krieg und der Vernachlässigung historischer Bausubstanz während der Sowjetzeit wieder sehenswert hergerichtet wurde. Zwar ist Vilnius hinsichtlich der Kriegsschäden vergleichsweise glimpflich davon gekommen, doch hatte die Sowjetzeit sicherlich nicht weniger Schäden hinterlassen. Nun ist das „Einheitsgrau" der letzten Jahrzehnte (zumindest im historischen Stadtkern) weitgehend einem gepflegten, sauberen und farbenfrohen Stadtbild gewichen.

3 Vilnius, Litauens Hauptstadt

In Vilnius stehen zwei Campingplätze mit gutem Standard zur Verfügung. Da ich aber Stadtplätze in den seltensten Fällen mag, habe ich bei meinem dreitägigen Besuch auf dem Parkplatz im Parlamentsviertel an der Neris gestanden. **A. Gostauto g. /Ecke A. Tumėno g., (GPS N54 41 33.9 E25 15 43.0)**. Der schmucklose Platz ist zentrumsnah und nachts ausreichend ruhig. Ein kostenpflichtiger Parkplatz mit Videoüberwachung an der Vilnia unterhalb des Burgbergs (**GPS N54 41 16.9 E25 17 37.4**/T. Koškiuskos gatvė) liegt in Fußwegnähe zur Altstadt.

Sehenswertes in Vilnius/Stadtrundgang

Zunächst ist ein kurzer geschichtlicher Abriss dieser imposanten Metropole angebracht. Sie gilt als Stadt der 100 Kirchen, von denen alleine 40 aus unterschiedlichsten Bauepochen in der Altstadt stehen. Die älteste ist die **Nikolaikirche** aus dem 14. Jahrhundert. Vilnius hat so viel alte, geschichtsträchtige

VILNIUS - CITY CAMPING

Stellplatzart: Campingplatz/Wohnmobil-Stellplatz
GPS: N54 40 49.2 E25 13 34.1
Adresse: Vilnius, Parodų g.
Tel.: +370 629 72 223
mailto: vilnius@camping.lt
Homepage: www.camping.lt/vilniuscity
Zufahrtinfo: Von Trakai kommend nordlich auf die A19, Richtung Lyda/ Minskas. Unmittelbar vor der Brücke über die Neris von der A19 Richtung Miškinių g. abfahren, der Platz ist nördlich in der Nähe der Messe.
Kurzbeschreibung: Teil eines gepflasterten Parkplatzes.Du/WC, Stromanschlüsse für 60 Wohnmobile, Ver- und Entsorgung, Waschmaschine. Rezeption 24 h. Blick zum Fernsehturm, der weit über die Baumwipfel hinausragt.
Öffnungszeiten: Mai-Mitte Sept.
Sonstiges: Radweg und Busverbindung in die Innenstadt.

VILNIUS - VILNIUS CAMPING

Stellplatzart: Campingplatz
GPS: N54 39 02.1 E25 19 02.2
Adresse: Minsko plentas 14
Tel.: +370 686 32 165
mailto: book@vilniuscamping.lt
Homepage: www.vilniuscamping.lt
Zufahrtinfo: Zunächste wie oben der Autobahn Richtung Minsk folgen,ca. 350m hinter der Abfahrt Kuprioniskes beim Tanagra-Gebäude die Wendestelle der Autobahn benutzen, nach 1,6 die Autobahn verlassen.
Kurzbeschreibung: Neu eröffneter Platz mit Ver-/Entsorgung, Strom, Dusche/WC, Küche, WLAN, Grillstelle
Öffnungszeiten: 20.4.-15.10.
Sonstiges: Shuttlebus in die City, Car Sharing Station

Substanz in die Gegenwart gerettet, dass die UNESCO gleich die gesamte Altstadt zum Weltkulturerbe erhoben hat.

Vilnius war nicht nur die Hauptstadt des katholischen Litauen. Die Stadt galt auch als „Jerusalem des Nordens", weil sie als liberale Stadt jüdischem Leben und jüdischer Kultur viel Raum ließ, und Zufluchtsort für Juden aus Mitteleuropa und Russland war. Auf diese Schreckenszeit, aber ebenso auf die Unterdrückung unter dem Sowjetregime, kommen wir später zurück, wenn wir einen Blick vor die Tore der Stadt werfen.

Im Mittelalter wurde eine Zeit lang von Trakai aus ein ausgedehntes Reich bis zum Schwarzen Meer regiert. In der verkehrsgünstigen Lage der heutigen Hauptstadt an den großen Handelswegen von Nord nach Süd und von Ost nach West ist die Erklärung für den Reichtum zu finden, der dieser Stadt ihr prächtiges Aussehen ermöglichte.

Starten Sie Ihren Altstadtrundgang unweit des Parkplatzes am Fuß des Burgberges. Nur wenige Schritte entfernt erwartet das **Litauische Nationalmuseum** seine Gäste. Wenn Sie zunächst den herrlichen Blick über das „Florenz des Nordens" werfen möchten, sollten Sie sich die Mühe machen, den **Oberen Burgberg** mit dem **Gediminasturm** zu besteigen. Bei 48 m Höhe ist das eine sicherlich machbare Aufgabe. Die Damen sollten übrigens ihre Pumps im Wagen lassen, sofern sie welche dabei haben. Das Kopfsteinpflaster auf dem Weg hinauf ist dafür nun wirklich nicht geeignet. Von der Burg selbst ist allerdings nicht viel übrig.

Im historischen Turmmuseum können Sie sich über die geschichtlichen Gegebenheiten informieren, bevor Sie wieder hinabsteigen und sich der Besichtigung der **Kathedrale von Vilnius** widmen. Sie ist das wichtigste Gotteshaus Litauens. Hier liegen der Großfürst Vytautas sowie weitere wichtige Persönlichkeiten begraben. Das Gotteshaus ist im 13. Jh unter König Mindaugas entstanden.

Interessant ist die einem griechischen Tempel ähnelnde Fassade sowie der separat stehende Glockenturm. Für die Besichtigung des prächtigen Inneren der Kirche im Stil des Barocks sollten Sie sich etwas Zeit nehmen, um die üppig ausgestatteten Kunstwerke zu bewundern. Auf dem Weg zu den nächsten berühmten Kir-

Neris und Burgberg

In der Altstadt

chenbauwerken spazieren Sie durch den schönen Bernhardinus Park, der jüngst komplett neu angelegt wurde und in üppiger Blumenpracht erstrahlt. Spielplätze und Sitzbänke unter Schatten spendenden, alten Bäumen nebst herrlichen Wasserfontänen am Flusslauf der Vilnia laden zum Verweilen ein. Anschließend lohnt sich der Besuch des sehenswerten Ensembles der **St. Anna Kirche** und der **Kirche des Hl. Bernhardinus**. Sie befinden sich direkt beieinander am Rand des Parks nahe der Schleife der Vilnia. Die Annenkirche ist wohl das schönste gotische Bauwerk des Landes. Sie hat die Jahrhunderte ohne wesentliche Veränderungen überstanden. Schräg hinter ihrer reich verzierten Backsteinfassade steht die ebenso sehenswerte Nachbarkirche der Hl. Franziskus und Bernhardinus mit prachtvoller Ausstattung im Stil des Barocks.

Wenn Sie weiter der Vilnia folgen und vor der Brücke nach links über den Fluss stehen, werden Sie versucht sein, den Ausweis herauszukramen. Denn über die Brücke gelangen Sie in die

Der Grenzübergang nach Užupio

Die Kathedrale von Vilnius

Republik Užupis

Das Stadtviertel Užupis, dessen Name jenseits, des Flusses bedeutet, war früher mehrheitlich von Juden bewohnt. Anfang der Neunziger war es ein heruntergekommener Stadtteil, geprägt von Verfall, Leerstand und Gewalt. Rasch entdeckten Künstler das Viertel für sich, und schnell entstand eine lebendige Künstlerszene mit Bohème, die im Rahmen ihrer eigenen Republik anders leben wollten. Das Viertel erwartet Sie mit Galerien, Handwerks- und Kleinkunststätten und versteht sich als alternative Republik im Lande. Man gibt den Einwohnern und Gönnern nicht nur eigens Pässe aus, man leistet sich sogar einen Präsidenten, eine Zeitung, Botschaften im Ausland und vieles mehr. Dem 1993 verstorbenen Rockmusiker Frank Zappa wurde ein Denkmal gestiftet.
Viel hat sich seit den Neunzigern verändert, so haben Investoren und Geschäftsleute viele der Häuser gekauft und viele Künstler und Handwerker aus dem Viertel verdrängt. Es ist heute eine der teuersten Wohngegenden der Stadt.
Mein Tipp: Gönnen Sie sich trotzdem einen Bummel durch das liebenswerte Viertel, und besuchen Sie das Regierungsgebäude, das Užupio kavine in der Užupio g. 2.

Republik Užupis. Es handelt sich um eine groteske, aber sehens- und liebenswerte Künstlerrepublik. Die selbsternannte Republik liegt in einer Windung der Vilnia, mit sieben Brücken über den Fluss.

Weiter gehts in Richtung Aironio gatvė und entlang dieser zur Drujos gatvė, um scharf rechts in diese abzubiegen. Verpassen Sie nicht, sich während des Aufstiegs umzudrehen und den Ausblick auf die Altstadt und die Republik Užupis zu genießen. Entlang alter Mauern, die außerhalb der alten Stadtbefestigung liegen, gelange ich rechts in die Rasų gatvė und einem Linksbogen folgend durch die M. Daukšos gatvė zur Aušros gatvė. Dort erreicht man das

Das Aušros Tor

letzte erhaltene Stadttor, das Aušros Tor (Tor der Morgenröte) mit seiner freskenverzierten, sehenswerten Renaissancefassade. Links erhebt sich der Prachtbau der Dreifaltigkeitskirche, auf der anderen Seite die Kirche St. Theresa und, etwas weiter unten, ein Stück im Hintergrund, die orthodoxe Heiliggeistkirche mit ihrer reichen Ausstattung.

Weiter Richtung Zentrum geht die Aušros gatvė in die Didžioji gatvė über und führt zum Rathausplatz. Die prachtvolle St. Casimir-Kirche liegt rechter Hand, das Rathaus mit seiner Säulenvorhalle links. Und unterhalb eröffnet sich der lebhafte Platz, der zum Verweilen und zur Einkehr einlädt.

In Höhe der nächsten zwei orthodoxen Kirchen zur Rechten gehe ich links in die Švarco gatvė, um bald rechts in die Universitätsstraße zu wechseln. In den weitläufigen Bauwerken der prachtvollen Universität Vilnius sind verschiedene Baustile von der Gotik bis zum Klassizismus vereint. Dazu gehört die im Jahre 1426 fertig gestellte **Johanneskirche**. Die Universitätsbibliothek beherbergt über 6 Millionen Bücher, Dokumente und Handschriften.

Am sehenswerten Daukantasplatz, findet sich der klassizistische **Präsidentenpalast**. Früher Residenz der Vilniuser Bischöfe, wurde er zu Zeiten der Eingliederung ins russische Reich Sitz des Gouverneurs in Vilnius. Im 19. Jh. erhielt er das heutige Aussehen und ist seit 1997 Sitz des Litauischen Präsidenten.

Etwas abseits erhebt sich die Heiligkreuzkirche, von wo es nur noch wenige Schritte zurück zum Platz der Kathedrale sind.

Von dort führt der lebhafte Gediminas Prospekt links hinüber bis zum Parlamentsviertel. Prächtige Fassaden der Kaufmannshäuser ergeben den Eindruck eines Prachtboulevards. Doch nicht nur das Flanieren gehört dazu, auch die ehemalige KGB-Zentrale Litauens ist in der Aukų gatvė, einer links abzweigenden Seitenstraße zu finden. Diese können Sie heute als Gedenkstätte/ Museum besuchen und sich mit der Besichtigung ins Bewusstsein rufen, weshalb die Sowjetzeit von den Litauern als 50-jährige Besatzungszeit wie ein tief im Fleisch der Geschichte sitzender Stachel empfunden wird.

Zur Zeit der Wirren der politischen Wende hin zur Unabhängigkeit vom übermächtigen „Bruderstaat" Sowjetunion, machte Vilnius auch in trauriger Weise Schlagzeilen: Am **Fernsehturm** (wenige Fahrminuten vom City Camping in der Sausio 13-Osios gatvė - Parkplatz **GPS N54 41 18.5 E25 12 52.3**) fanden am 13. Januar 1991 14 friedlich für die Freiheit und Unabhängigkeit demonstrierende

DIE SINGENDE REVOLUTION

Im Zuge von Glasnost und Perestroika (Transparenz und Umbau) begannen die Menschen der drei baltischen Länder, ihre bis dahin streng verbotenen Volkslieder in den Landesprachen wieder zu singen. Dies hätte früher harte Strafen nach sich gezogen, da patriotische Lieder sich nur auf den einen, einzigen und einzig richtigen Staat, die Sowjetunion, beziehen durften. Und das auch nur in russischer Sprache.

Ausgehend von Estland kam es 1998 zu einer Welle des Gesangs im ganzen Baltikum. Im katholischen Litauen wurden kirchliche Lieder gemeinsam mit Volksliedern gesungen. Auf einem Sängerfest tauchte dann erstmals eine vorsowjetische Flagge Litauens auf der Bühne auf. Sowjetische Beamte versuchten natürlich sofort, der Flagge Herr zu werden, was aber angesichts der vielen Menschen auf der Bühne nicht klappte, denn die Beamten fanden irgendwie keinen Weg zur Flagge. Die Bevölkerung drückte mit dem Singen ihren unbeugsamen Willen zu Freiheit und Unabhängigkeit aus, und das absolut friedlich. Die Bewegung gipfelte im "Baltischen Weg". Am 50. Jahrestag des Hitler-Stalin-Paktes, mit dem Hitler und Stalin ihre Machtterritorien aufteilten, und der die baltischen Staaten der UdSSR einverleibte, setzten sie ein unübersehbares Zeichen. Entlang der Via Baltica bildeten ungezählte Menschen die längste Menschenkette aller Zeiten, die über 600 Kilometer von Tallinn über Riga bis nach Vilnius reichte. Ein Zeichen, dass die Sowjetunion erzittern ließ.

Moskau reagierte mit Gewalt und inszenierte mit Spezialeinheiten von KGB, FSB und OMON einen Putsch, den Vilniusser Blutsonntag. Bei einem Zwischenfall am Fernsehturm in Vilnius fuhren sowjetische Panzer durch die Menschenmenge, verletzten Hunderte und töteten 14 Menschen. Der Blutsonntag von Vilnius machte ganz deutlich, dass die Unterdrückungsprozesse der UdSSR auch unter Gorbatschow noch funktionierten. Der Gegensatz von gewaltlosem Protest und der Gewalt der Sowjets war aber für alle Welt ersichtlich.

Die Reaktion darauf war das Referendum vom 9.2.1991, nach dem Litauen sich für unabhängig erklärte. Gorbatschow schäumte, hatte dem aber nichts mehr entgegenzusetzen. Nach dem gescheiterten Putsch kommunistischer Hardliner gegen Gorbatschow im August 1991 wurde Litauen innerhalb kurzer Zeit von zahlreichen Ländern anerkannt. Litauen war frei.

Die Gedenkstätte am Fernsehturm

DER HOLOCAUST IN LITAUEN

Vilnius war nicht nur die Hauptstadt des katholischen Litauen. Die Stadt galt auch als „Jerusalem des Nordens", weil sie als liberale Stadt jüdischem Leben und jüdischer Kultur viel Raum ließ und Zufluchtsort für Juden aus Mitteleuropa und Russland war. Das viele Jahrhunderte andauernde Zusammenleben verschiedener Ethnien, Religionen und Sprachen, das weite Teile des heutigen Baltikums prägte und, das darf man nicht vergessen, von dessen Vielfalt die Region profitierte, ging im nationalistischen Wettstreit zwischen Hitler und Stalin unter.

Der Einmarsch der Wehrmacht 1941 entfesselte dann den offenen Holocaust. Wurden zunächst Angriffe nationalistischer Litauer auf Juden geduldet und unterstützt, kam es später zu massenhaften Erschießungen. Über 100.000 Russen, Polen und Juden fanden im Wald von Paneriai während des Massakers von Ponary den Tod. Bis 1941 ermordeten SS, SD, Wehrmacht und litauische Milizen dreiviertel der Juden aus Vilnius, halbierten so die Einwohnerschaft von Vilnius und löschten das jüdische Erbe fast aus.

Haben die nationalistischen Bestrebungen die erhoffte, selbstbestimmte, nationale Einheit und Unabhängigkeit geschaffen? Nein, es folgten fast 50 Jahre Fremdherrschaft, Unterdrückung und Verfolgung. Von den zahlreichen Synagogen hat eine einzige die Naziherrschaft überstanden.

Das **Staatliche Jüdische Museum** von Gaon in Vilnius finden Sie in der **Naugarduko g.**, die einzige verbliebene **Synagoge in der Pylimo g.4**. Die **Gedenkstätte Paneriai** befindet sich in der **Agrastų gatvė** im Süden der Stadt. Weitere Informationen unter **www.jmuseum.lt/en/**

Bürger Litauens auf brutale Weise den Tod durch sowjetische Panzer. Diese wurden auf Befehl aus Moskau gegen das Aufbegehren der Litauer eingesetzt und überrollten dabei zahlreiche Menschen. Den Getöteten wurde am Fuß des Bauwerkes ein ehrendes Mahnmal gesetzt.

Ob zu Beginn oder am Ende Ihres Aufenthalts: Sie sollten die Gelegenheit wahrnehmen, diesen historischen Ort zu besuchen. Das im Erdgeschoss untergebrachte Museum für den friedlichen Aufstand und die gewaltsame Gegenwehr des Sowjetreiches geht allerdings unter die Haut. Wer mag, kann im Fahrstuhl auf den Turm fahren und die herrliche Aussicht über die Stadt genießen (Kasse im Erdgeschoss).

Nicht minder beeindruckend finde ich persönlich die Geschichte des Holocaust in Vilnius, das in mehreren Museen gut aufgearbeitet ist.

Und was die Nazis nicht schafften, vollendete das Sowjetregime: Jüdische Friedhöfe und die große Synagoge wurden dem Erdboden gleichgemacht und die Ghettos vollends zerstört. Es ist nicht Jedermanns Sache, sich im Urlaub Greuel des KGB oder

TOURIST INFORMATION UND MUSEEN

Die Hauptstelle der Tourist Information befindet sich im Alten Rathaus unter den Arkaden der Säulenvorhalle. Eine Filiale finden Sie an der Vilniaus gatvė 22 nahe der Katharinenkirche und unweit des Gediminas Prospekts sowie eine weitere im Infopavillon am Platz der Kathedrale. An diesen Stellen erhalten Sie die **Vilnius-Card** mit Gültigkeitsdauer von 24 Stunden (18,99€), 48 Stunden (18,99€) oder 72 Stunden (34,99€ Stand 2020). Wenn Sie Museen und Ausstellungen besuchen wollen, lohnt sich die Karte durchaus.

Die Tourist Information hat viel Informationsmaterial in deutscher Sprache vorrätig. Ein Besuch zur Planung des Aufenthalts lohnt also wirklich. Informationen unter www.govilnius.lt

der SS in Erinnerung zu rufen. Allemal ist es aber ein wichtiger Beitrag wider das Vergessen und Wiederholen.

Ich verlasse Vilnius nun, um den Aukštaitija Nationalpark zu besuchen. Auf dem Weg dahin liegen aber noch etliche interessante Reiseziele, darunter der Europa Park des Bildhauers Gintaras Karosas. Wer nach Tagen in der Stadt Ruhe braucht, der kann von hier aus direkt zum Campingplatz auf der Apfelinsel fahren (S. 99). Wer Natur pur sucht, der sollte gleich nach Palūšė (**N55 19'44.5 E26 06'07.4**) im Aukštaitija Nationalpark durchfahren. Ich tanke noch am Parkplatz am Parlamentsgebäude und fahre

Straßenleben in der Pilies g.

EUROPOS PARKAS

Stellplatzart: Parkplatz
GPS: N54 49 31.6 E25 21 11.3
Adresse: Vilnius, Joneikiskių k.
Tel.: +370 523 77 077
mailto: hq@europosparkas.lt
Homepage: www.europosparkas.lt
Zufahrtinfo: Auf der Schnellstraße Geležinio Vilko g. (A14) nach Norden fahren. Nach 7 km rechts auf die Mokslininkų g. abbiegen. Am Santariškes Kreisverkehr die zweite Abfahrt in die Žaliųjų ežerų gatvė fahren und der Straße einige Kilometer bis zur Ausschilderung zum Europos Parkas folgen. Fahrzeit eine knappe halbe Stunde.
Kurzbeschreibung: Der geschotterte, tagsüber bewachte Parkplatz vor dem Museumsgelände ist eben und ruhig. Parkgebühr/Museumseintritt bezahlen Sie am Kassenhäuschen. Beim zentralen europäischen Monument befindet sich ein Restaurant/Café.

dann auf die Schnellstraße in Richtung Norden. Unterwegs kaufe in einem der einfach wunderbaren, litauischen Supermärkte ein (Žaliųjų Ežerų g., **N 54°46'42.4, E25 20'25.2**) und bin wenige Minuten später am Europos Parkas, einem der meistbesuchten Orte Litauens. Sie können auf dem Parkplatz auch übernachten, sagen Sie das bitte beim Kauf der Tickets am Eingang. In dem 55 Hektar großen Park stehen über 100 Skulpturen. Nach dem

ROUTE 2

Das Rathaus

Das ehemalige Quartier der KGB

DER EUROPOS PARKAS - MUSEUM MITTEN IN EUROPA

Der Europa-Park ist ein bewundernswertes Museum der modernen Kunst unter freien Himmel, in der die Schönheit der Parklandschaft im Einklang mit den Skulpturen zu sein scheint.
Der Europa-Park wurde 1991 auf Initiative des litauischen Bildhauers Gintaras Karosas gegründet. Der Künstler hat sich zum Ziel gesetzt, das geografische Zentrum Europas auf künstlerische Weise ins Bewusstsein zu rufen. Auf über 55 ha sind über 100 Skulpturen von Künstlern aus 33 Ländern zu sehen, darunter Werke von Gintaras Karosas, LeWitt, Abakanowitz und Oppenheim. Mit Recht stolz zeigte mir Gintaras Karosas einige der beeindruckendsten Kunstwerke im Park, wobei das im Bild unten gezeigte ausdrücklich weder einen Namen, noch einen von ihm vorgegebenen Hintergrund hat. Vielmehr sollen Besucher ihrer Fantasie freien Lauf lassen und die Verbindung der aufgemauerten Steine (Steinchen) für sich interpretieren. Gintaras freut sich über immer neue Ideen und Einschätzungen.

Das auf der Wiese vor dem Restaurant zu bewundernde Europazentrum-Monument von Gintaras Karosas wurde 1993 errichtet. In der Skulptur wird der Abstand vom geographischen Zentrum Europas bis zu jeder europäischen Hauptstadt, sowie die jeweilige Himmelsrichtung angegeben. Dass sein Werk mit unzähligen Fernsehgeräten sowjetischer Bauart, die im Wald aufgestapelt erscheinen, einen tieferen Sinn hat, liegt auf der Hand. Sowjetische Propaganda hat ausgedient, ebenso, wie die Leninstatue ...

Der Europa-Park ist - nicht umsonst - einer der meist besuchten Orte in Litauen.

Öffnungszeiten/Info: Täglich 10h bis Sonnenuntergang geöffnet, Tel. +370 523 77 077, www.europosparkas.lt, hq@europosparkas.lt.

Sonstiges: Am Parkplatz beim Kassenhäuschen weisen Sie bitte darauf hin, wenn Sie über Nacht bleiben möchten. Gintaras Karosas freut sich über Ihr Interesse an der eigenwilligen, aber sehr gelungenen Kunstpräsentation im Park.

Gintaras Karosas

ROUTE 2

4 i GEOGRAPHISCHES ZENTRUM EUROPAS

Es wird nicht wenige Menschen geben, die das Zentrum Europas in Frankreich vermuten würden, oder bestenfalls in Mitteldeutschland. Es ist auch gar nicht so eindeutig zu bestimmen, da Europa keine festgelegte Grenze nach Asien hat. Gemeinhin gelten Ural und Bosporos als solche. Je nach gusto, obwohl natürlich immer genaueste Berechnungen angestellt wurden, lag der geographische Mittelpunkt Europas in der Vergangenheit auch schon in Ungarn, Slowakei, Tschechien, Belarus, Estland und neben der Frauenkirche in Dresden. Das Nationale Geographieinstitut Frankreichs hat 1989 den Mittelpunkt als Flächenschwerpunkt berechnet, der nördlich von Vilnius liegt. Wikipedia erklärt, wie die Berechnung erfolgte. Ich glaube es auch so....

Besuch stehen Sie unten an der Hauptstraße vor der alten Frage der Menschheit: rechts oder links? Zum nächsten Ziel geht es in beiden Richtungen. Links rum ist die kürzere Strecke. Aber wenn Johannes als 4x4 Pick Up Fahrer schon von "sehr schlechtem Zustand" spricht, dann fahre ich dankend rechts rum, zurück zur Schnellstraße und dann nach Norden gut 20 Kilometer zum geographischen Zentrum Europas.

Angekommen **(N54 54 28.6 E25 19 14.0)**, finden Sie den Sockel des Monuments, welches den geografischen Mittelpunkt Europas darstellt, etwas oberhalb des Parkplatzes. Die Flaggen der EU-Länder flattern dazu im Wind. Im Informationshäuschen erhalten Sie Postkarten und können diese mit einem Sonderstempel versehen lassen.

Vom Mittelpunkt Europas aus sind einige Kilometer weiter nördlich zu fahren, um einen der aus meiner Sicht besten Campingplätze Litauens zu finden: Apple Island. So sause ich auf der A14 nordwärts, wobei der schlechte Fahrbahnzustand bei der Recherche 2019 immer noch auf die Nerven ging. Nach 26 km hat das Geholper ein Ende. Ich biege links auf die 172 Richtung Molėtai ein. Die Landschaft wird hügelig und abwechslungsreicher. Nach 10 km geht es links ab in südwestlicher Richtung bis **Zalvariai**, wo das Ziel erreicht ist. Es ist ein ruhiger Campingplatz, laute Musik ist unerwünscht, es gilt Nachtruhe - auch an Wochenenden. Deshalb kann man sich ein paar erholsame Tage gönnen. Selbst Reisebuchautoren soll man hier schon gesehen haben,

5 i KERNAVĖ - URSPRÜNGLICHE HAUPTSTADT LITAUENS

Wenn Sie die Geschichte Litauens in ihren Anfängen kennenlernen möchten, sollten Sie mir auf einen Abstecher nach Kernavė folgen, auch wenn die Burgberge der staatlichen archäologischen Fundstätte etwas abseits der eigentlichen Route dieses Buches liegen.

Erreichbar ist Kernavė sowohl vom Europos Parkas als auch vom Zentrum Europas aus einfach. Von der A14 in Höhe der Ortschaft Nemenčinėlė auf die 108 links abbiegen und der Landstraße folgen, sie heißt später 116 und führt schnurstracks nach Kernavė.

Was die Archäologen hier im Freigelände zwischen dem Ort und der Neris freigelegt haben, ist eindrucksvoll. Und das gilt nicht nur in Bezug auf die historische Bedeutung. Es ist auch ein landschaftliches Erlebnis, wenn man die fünf Burghügel vor sich sieht und auf einem Rundgang auch aus der Nähe erlebt. Nicht umsonst wird das 194,4 ha große Gelände mit über 50 archälogischen Fundstätten besonderer Bedeutung dem UNESCO Welterbe zugerechnet.

Bereits aus dem 8. und 9. Jahrtausend vor Christus, am Ende des Paläolithikums, sind Spuren erster Siedlungen nachgewiesen worden. Von der Stein- und Bronzezeit über das Zeitalter des römischen Reiches bis heute ist der Ort ununterbrochen besiedelt geblieben, wenn auch mit einer sehr bewegten Geschichte.

Im Schutz der fünf Burgberge und der darauf errichteten Palisaden, einer der damals größten Verteidigungsanlagen im ganzen Baltikum, hatte sich einst der historische Ort befunden. 1279 wurde Kernavė in einem Dokument als Herrschaft des Großfürsten Traidenis erwähnt. Hier befand sich seinerzeit das wirtschaftliche und politische Zentrum Litauens, die ursprüngliche Hauptstadt des Landes also. Auch Großfürst Vytautas regierte sein Land eine Zeit lang von hier aus.

Die Kreuzritter waren es dann, welche 1390 die Festung auf ihren Eroberungszügen dem Erdboden gleichmachten. Was einst das politische Zentrum war, geriet nach und nach fast in Vergessenheit und die Natur überdeckte alles mit einer dicken Erd- und Vegetationsschicht.

Doch hatte dies den Vorteil, dass zahlreiche Fundstücke, Gräberfelder und Siedlungsreste im Erdreich gut konserviert wurden. Angesichts der Bedeutung dieser historischen Stätte ist es nicht überraschend, dass es hier ein historisches Museum zu besichtigen gilt, in welchem zahlreiche Fundstücke der Ausgrabungen zu sehen sind. Auch multimedial wird Wissen vermittelt - ein modernes, interessantes Museum!

Öffnungszeiten/Info: Di-Sa 10-18 h (Nov-Mrz. nur bis 16 h), Tel. +370 382 47385, mailto: muziejus@kernave.org, www.kernave.org.

KERNAVĖ - MUSEUM

Stellplatzart: .... Parkplatz
GPS: N54 53 09.3 E24 51 09.6
Adresse: .... Kernavė, Mindaugo gatvė
Zufahrtinfo: Von der Ortsdurchfahrt (Straße 116) links in die Vilniaus gatvė, später wieder links der Ausschilderung folgend in die Ruseckų gatvė. Man fährt auf das moderne Museumsgebäude zu, links um dieses herum und dann auf den Parkplatz.
Kurzbeschreibung: Asphaltierter Parkplatz kurz vor dem historischen Museum, Blick auf die - ebenfalls sehenswerte - Backsteinkirche.

ZALVARIAI - APPLE ISLAND (OPUOLIŲ SALA)

Stellplatzart: Campingplatz
GPS: N55 09 38.5 E25 18 36.8
Adresse: Zalvariai, Opuolių Sala
Tel.: +370 383 50073
mailto: info@appleisland.lt
Homepage: www.appleisland.lt
Zufahrtinfo: Auf der A14 vom Zentrum Europas gut 26 km, dann schräg links auf die 172 und 10 km via Giedraičiai zur Abzweigung links ab. Dann in südwestlicher Richtung über Ambraziškiai bis Zalvariai fahren. Nach dem Dorf zweigt links - unübersehbar ausgeschildert - die Zufahrt über eine Brücke auf die Apfelinsel ab.
Kurzbeschreibung: Der Platz liegt auf einer 14 ha großen Insel im Grabuostas See, der früher eine Obstplantage war. Moderne Ausstattung, gutes Restaurant. Ver-/Entsorgung, Wasseranschlüsse an den Stellplätzen für Wohnmobile auf terrassierten Flächen, jede mit einer Picknickbank. Sauna und Badestellen, Swimming Pool, Tennisplatz, Minigolf. Übernachtung ca. 25€.

die nach langen, eindrucksvollen Tagen hier ihre Aufzeichnungen geordnet, Bilder gesichtet und bearbeitet und Wäsche gemacht haben. Eben alles, was sonst liegen geblieben ist. Hier, auf der Apfelinsel endet diese Tour mit vielen touristischen Höhepunkten. Die nächste Tour ist da anders. Es geht in den Nordosten des Landes zur Grenze nach Belarus. Der Aukštaitija Nationalpark mit über 100 Seen und Wäldern ist zum Wandern, Schwimmen, Radfahren etc. wie gemacht.

Wenn Sie weiter müssen, gelangen Sie über die A2 nach Panevėžys und weiter nach Lettland und Estland. Oder Sie fahren über Ukmergė Richtung Kaunas und weiter nach Klaipeda oder in Richtung Polen. Wohin Sie nun fahren, ich wünsche gute Fahrt.

Auf dem Campingplatz Apple Island

Aukštaitija

Der größte Landesteil Litauens ist Aukštaitija, Hochlitauen. Hier liegt der ausgesprochen schönen Aukštaitija Nationalpark an der Grenze zu Belarus, der auch das 1000-Seen-Land genannt wird, ein kleines Paradies eiszeitlichen Ursprungs.

Weiter führt die Reise entlang der litauisch-lettischen Grenze, zum Schloss in Biržai und dem Karstgebiet Kirkilai. In dieser kleinen aber wunderschönen Seenlandschaft kann man ganz unverstellt den Störchen beim Jagen von Fröschen zusehen. Weiter führt der Weg vorbei an Panevėžys zum Regionalpark Krekenava, wo man im Wisentpark die riesigen und doch sanften Urrinder ansehen kann. Den Abschluss dieser Tour bildet dann der weit über Litauen hinaus bekannte Berg der Kreuze. Ein Ort, an dem sich Mystik, Gedenken und Massentourismus begegnen.

Abendstimmung in Paluse

ROUTE 3

Höhepunkte der Tour Aukštaitija

1 PALUSE

Mitten im traumhaft schönen Aukštaitija Nationalparkzwischen Wälden und Seen gelegen (Seite 103)

2 ŽARASAI

Alte Stadt am Gražutė-Regionalpark, hier warten eine Wassermühle und Europas älteste Eiche. (Seite 112)

3 BIRŽAI/KIRKILAI

Die Stadt der Bierbrauer,die aber mehr bietet: Schloss, Kirchen und eine einzigartige Seenlandschaft. (Seite 116)

4 KREKENAVA

Einer der kleineren Regionalparks mit großem Naturerlebnis und einer Wisentfarm. (Seite 121)

5 DER BERG DER KREUZE

International bekannter Ort des Widerstands und des Gedenkens, touristischer Brennpunkt. (Seite 125)

Auf der Anfahrt (oder Weiterfahrt) lohnt ein Halt in **Molėtai**. Die Tourist Information befindet sich in der Inturkes gatvė, 200 Meter vor der sehenswerten Kirche entfernt. Ansonsten sind vor allem das hügelige, abwechslungsreiche Umfeld des Städtchens und die Einkaufsmöglichkeiten von Interesse, bevor die Reise Richtung **Labanoras Regionalpark** und **Aukštaitija Nationalpark** weitergeht.

Der genannte Regionalpark zeigt ein ähnlich abwechslungsreiches Landschaftsbild - Seen, Felder und vor allem endlose Wälder - reich an Beeren und Pilzen - wechseln sich ab. Von den 55.344 ha sind etwa

MINDŪNAI - MINDŪNŲ KEMPINGAS

Stellplatzart: Campingplatz
GPS: N55 13 13.3 E25 33 33.8
Adresse: Mindūnai
Tel.: +37060611317
mailto: info@ignaturas.lt
Homepage: www.ignaturas.lt
Zufahrtinfo: Von Molėtai am Kreisverkehr nördlich des Städtchens Richtung Ignalina halten (Straße 114). In Mindūnai kurz vor der Bushaltestelle rechts ab auf die gut 1 km lange Schotterstraße (ausgeschildert). An einer Badestelle links ab 500 m weiterfahren - eng und holprig, für größere, breite Wohnmobile weniger geeignet.
Kurzbeschreibung: Im Wald am See gelegener, toll ausgestatteter Platz mit Grillstellen/Picknickbänken, Du/WC, Getränke, Küche/Aufenthaltsraum, Aussichtsturm.Übernachtung € 25. Fahrrad-, Kajak-, Bootsverleih, Hot Tub, Sauna

LABANORAS - BADESEE

Stellplatzart: Parkplatz/Zeltplatz
GPS: N55 15 58.9 E25 47 25.9
Adresse: Labanoras, an der 114
Zufahrtinfo: Auf der 114 von Labanoras aus weiter Richtung Ignalina, kurz nach Ortsausfahrt rechts ab ausgeschildert.
Kurzbeschreibung: Geschotterter Parkplatz am Labanoras See, mehrere überdachte Picknick- und Grillstellen, Trockentoilette, Umkleidestellen und Infotafel, Badesteg.

48.000 ha bewaldet, und 285 Seen und Sümpfe nehmen weitere 7.000 ha ein. Mitten in dieser Landschaft liegt bei Mindūnai ein weiterer Campingplatz.

In dem schon im 14. Jh. erwähnten Örtchen **Labanoras** können Sie einen Halt bei der auffälligen, schmucken Holzkirche einlegen. Der ebene, geschotterte Parkplatz liegt etwas abseits der Straße (**GPS N55 15 59.4 E25 46 26.9** - Bild unten).

Ich habe hier lediglich eine Rast eingelegt und hätte mir gerne die leider verschlossene Kirche angeschaut. An benachbarten

Marktständen werden teils Nippes, teils frische Früchte feilgeboten. Kurz nach Labanoras finden Sie eine Badestelle, die als Zeltplatz ausgewiesen ist. Hier können Sie mit Ihrem Wohnmobil auch auf dem Parkplatz nächtigen und ein Bad im See genießen.

DER AUKŠTAITIJA NATIONALPARK

Der Nationalpark wurde 1974 gegründet. Hauptantrieb dessen war, dass man glaubte, hierdurch den Bau des Atomkraftwerks Visaginas verhindern zu können. Gelungen ist dies nur zum Teil - aber statt 6 wurden nur zwei Kraftwerksblöcke vom Tschernobyl-Typ errichtet und in Betrieb genommen. Das AKW ist mittlerweile im Abbau, der noch bis 2034 andauern wird. Doch der herrliche Nationalpark ist geblieben und hat eine enorme Bedetuung für den Tourismus.

Die Fläche beträgt 40.570 ha, die zu 2/3 bewaldet sind. Auch hier zählt man 126 Seen, die meist über Kanäle oder natürliche Flussläufe miteinander verbunden sind. Hierdurch ergibt sich ein Paradies für Kajakfahrer, zumal für diese eine gute Infrastruktur mit ufernahen Rastplätzen geschaffen wurde. Die Flora und Fauna ist vielseitig. Nicht weniger als 60 Säugetier- und 196 Vogelarten wurden gezählt. Hinzu kommen Lurche, Fische, Schlangen und Insekten. Den grünen Rahmen bilden 927 Pflanzenarten. Von den Pflanzen und Tieren stehen einige auf der Roten Liste der besonders gefährdeten und geschützten Arten. Zu deren Schutz hat man etwa 50 ha Fläche als Totalreservat für den öffentlichen Zugang gesperrt. Hinzu kommen vielfältige Kulturgüter, die es zu besuchen oder zu besichtigen gilt.

Auf der Webseite des Nationalparks (www.aparkai.lt) finden Sie viele Informationen über Sehenswürdigkeiten, Einrichtungen, Wander- und Radtouren.

PALUŠĖ - NATIONALPARK BESUCHERZENTRUM

Stellplatzart: .... Parkplatz
GPS: N55 19 39.6 E26 06 21.1
Adresse: .... Lūšių g. 16, Palūšė
Tel.: .... +370 386 53135
mailto: .... info@aparkai.lt
Homepage: .... www.aparkai.lt
Zufahrtinfo: Das Besucherzentrum liegt direkt an der Hauptstraße.
Kurzbeschreibung: Parkplatz am Besucherzentrum. Ein weiterer Parkplatz liegt etwas weiter direkt am Strand (N55 19'50.8" E26 06'21.0").
Trinkwasser kann am Yachthafen nachgefragt werden.
Geöffnet Mo-Do 8-17h, Fr. 8-15:45, Sa./So. geschlossen

1 In den Aukštaitija Nationalpark

Der Aukštaitija Nationalpark (Nationalpark Hochlitauens) wird auch das litauische Land der 1.000 Seen genannt. Hier sind fast für alle Interessen attraktive Unternehmungen möglich. Man kann wandern, radeln, paddeln, und auch Kultur und Geschichte kommen nicht zu kurz. Von Mindūnai aus folgen Sie einfach der 114 bis ins 44 km entfernte Palūšė. Die Fahrt mit stetigem Auf und Ab durch die Wälder vergeht wie im Nu.

Zu einer Auswahl besonders schöner, auch mit dem Wohnmobil erreichbarer Plätze, möchte ich Sie auf einer Rundfahrt führen. Wer die Strecke mit dem Fahrrad bewältigen möchte, hat eine Fortbewegungsart gewählt, die das Naturerlebnis noch intensiver macht. Die Strecke ist - zumindest für geübte Radfahrer/innen - gut an einem Tag zu bewältigen (gut 45 km). Es sind, bedingt durch die hügelige Landschaft, schon die eine oder andere Steigung sowie Gefällstrecken zu bewältigen, allerdings jeweils nur wenige Höhenmeter.

Ein Hinweis: Das Netz der Radwege durch den Nationalpark wird besser. Nicht immer sind die Wege ausgeschildert. Sie können also bedenkenlos die wenig befahrenen Straßen nutzen, oder sie vertrauen auf Karte und GPS und probieren andere Wege aus.

In **Palūšė** gibt es keinen Campingplatz mehr, die nächsten Plätze sind in Salakas und Mindūnai, jeweils an die 40 Kilometer entfernt. Die beste Gelegenheit, alle teuren Gimmicks im Wohnmobil auszuprobieren.

Einige zusätzliche, offiziell als Campingplätze ausgewiesene, sehr einfach ausgestattete Plätze erwähne ich überdies im Text, jeweils mit GPS-Koordinaten. Diese sind zum Teil mit einer geringen Stellplatzgebühr verbunden. Gerade in dieser schönen Natur liegt eine Übernachtung abseits der Annehmlichkeiten des Campingplatzes vielen von Ihnen im Sinn. **Im Nationalpark dürfen Sie allerdings keinesfalls abseits öffentlicher Straßen und Park-**

Lusiai Ežeras in Palūšė

plätze frei übernachten. Doch wenn Sie die Naturschutzregeln beachten, ist es auf den ausgewiesenen Plätzen kein Problem, wie mir das Nationalpark-Zentrum ausdrücklich bestätigt. Dazu gehört, den Abfall wieder mitzunehmen und ordnungsgemäß zu entsorgen. Die Natur sollte nicht als „Freilufttoilette" benutzt werden und wenn, dann nur mit der „Klappspatentechnik". All das sollte ohnehin selbstverständlich sein.

Rundfahrt durch den Aukštaitija Nationalpark

Starten Sie am Besucherzentrum des Nationalparks an der Hauptstraße. Man hält eine Fülle von Informationsmaterial, Wander- und Radfahrtipps etc. für Sie bereit. Es werden Fahrräder oder Boote zum Mieten vermittelt und man stellt auf Wunsch einen Wanderführer für Ihre Tour auf Schusters Rappen zu den schönsten Naturplätzen. Das Informationszentrum beherbergt im Übrigen eine schöne

Biber im Besucherzentrum

Unterwegs im Nationalpark

Die Kirche im Abendlicht

ROUTE 3

Ausstellung über den Nationalpark und bietet umfassende Hintergrundinformationen, auch für Kinder und Jugendliche aufbereitet. Es kann auch nicht schaden, hier nach neuen Campingplätzen zu fragen, denn die Region entwickelt sich Jahr für Jahr weiter.

Das Schmuckstück des Ortes jedoch ist die Kirche St. Josef aus dem Jahr 1750, die ein wenig an norwegische Stabkirchen erinnert und die zur Hauptsaison tagsüber geöffnet ist. Es soll die älteste noch genutzte Holzkirche des Landes sein.

Nun geht die Fahrt ein Stück zurück in südwestlicher Richtung. Man überquert nach knapp 4 km den schmalen Arm des Sees (von Labanoras kommend) entsprechend links ab direkt in die Rundfahrt einsteigen. Kurz nach dem Ortsausgang des Weilers **Šakarva** geht es rechts Richtung **Kirdeikiai** weiter. Achten Sie nach 4,2 km auf das Schild zu einem Rastplatz, der allerdings nicht allzu attraktiv für einen längeren Halt ist (**GPS** N55 20 20.7 E26 00 51.8, asphaltierter Parkplatz, Picknickstelle, Trockentoilette, Aussicht auf den See und die schöne Hügellandschaft).

Etwas weiter Richtung Kirdeikiai geht es rechts ab auf eine Schotterpiste Richtung **Ginučiai**. Die sehenswerte Wassermühle dort muss noch etwas warten. Zuvor gelangt man nämlich zu einem der schönsten Aussichtspunkte der Rundfahrt, vielleicht sogar ganz Litauens. Zunächst kurvt man stets auf und ab durch

Wasserlandschaft bei der Mühle

Im Imkermuseum Stripeikiai

ROUTE 3

die Landschaft, bis ein Hinweisschild auf den Aussichtspunkt aufmerksam macht. Rechts der gut ausgebauten Strecke liegt ein Parkplatz, ein paar Schritte entfernt eine Zeltwiese nebst Trockentoilette angelegt (**GPS N55 21'59.1 E25 59'26.4**).

Wanderung/Spaziergang zum Ladakalnis

Vom Parkplatz führt ein guter Weg in wenigen Minuten auf den Aussichtsberg, wobei der Begriff „Berg" ein wenig übertrieben erscheint. Doch wenn man die Aussicht auf die Seenlandschaft genießt, passt er doch (Bild unten). Nutzen Sie die Gelegenheit, einen der Wege hinab zum See zu gehen und stellen Sie sich eine kleine Rundwanderung nach Belieben selbst zusammen. Am Wasser sind für die Paddler Rastplätze angelegt, die natürlich auch Wanderern dienen. Und für einen Sprung ins Wasser besteht auch die Gelegenheit.

Etwas weiter wartet die **Burg Ginučiai** (Schild: „Pilis Lietuvoje") auf Ihre Erstürmung (Parkplatz mit Mülleimer, Trockentoilette). Eine Treppe führt steil auf den Burgberg. Erste archäologische Funde datieren ins 9. Jh. zurück, die Burg selbst soll 1373 zum ersten Mal erwähnt worden sein. Doch angesichts des heißen Sommerwetters ziehe ich die Besichtigung der 200 Jahre al-

Der Ausblick vom Ladakalnis

ten Wassermühle in **Ginučiai** vor. Das Fahrzeug stelle ich auf dem Parkplatz gegenüber ab (**GPS N55 23 07.4 E25 59 43.4**) und werfe einen Blick ins Museum der noch funktionsfähigen Mühle aus dem 19. Jahrhundert. Man kann überdies im Café nebenan einkehren (kleine Gerichte oder Kaffee und Kuchen). Sich in die Fluten des Mühlbachs zu stürzen, ist sicherlich nicht jedermanns Sache, wird aber von den Einheimischen mit Vorliebe praktiziert. **Öffnungszeiten/Info**: Mai bis Sept. tgl. 10-18 h. Eintritt € 1,30).

P WC Wenn Sie mögen, fahren Sie von der Mühle ein Stück bergauf und zweigen links ab zum **Zelt- und Picknickplatz am Aimaja Ežero.** Dort stehen Sie im Kiefernwald am See, können sich ins kühle Wasser stürzen oder die ausgewiesenen Grillstellen nutzen (**GPS N55 23 25.2 E25 59 11.0**). Die Zufahrt von etwa 700 m ist ein etwas ruppiger Schotterweg. Auf dem Zeltplatz ist beim Einparken des Wohnmobils Vorsicht geboten. Eine geringe Gebühr wird gegen Abend vom Verwalter des Platzes kassiert (€ 2/Fahrzeug und € 1,00/Person).

P Kurz nach der Ortsausfahrt weist ein Schild auf das Imkereimuseum in Stripeikiai hin, dem ältesten Ort im Nationalpark. Dorthin führt ein geschotterter Fahrweg durch den Wald. Das Museum bietet vielfältige Informationen zur Imkerei, die in der Region zu Hause ist. Noch mehr beeindrucken die Holzskulpturen, die auf dem Hügel verteilt stehen und allerlei nette Szenen dieses Handwerks und des beschwerlichen Lebens auf dem Lande darstellen. Soweit kann ich dies allerdings nur aus der Erfahrung der Vergangenheit beschreiben. Zur Recherche 2014 wurde das Museum umgebaut. Die meisten Gebäude wurden abgetragen und neu errichtet. Heute lohnt es sich, einen

Strand und Badestelle Palušė

Abstecher in das wirklich schöne Museum zu machen (Pabaliai g. 3, Stripeikiai, +370 686 12105 , **GPS N55 24 27.7 E25 56 41.8**. In der Hauptsaison werden Honig und natürlich Souvenirs zum Verkauf angeboten.

Zurück bei **Ginučiai** folge ich der Asphaltstraße links ab Richtung **Vaišniūnai**. Nach 2 km steht rechts ein gelbes Haus, das an den davor stehenden Bienenstöcken erkennbar ist. Hier können Sie die vielleicht bodenständigste Spezialität erwerben. Den Vorrat der Bordküche hatte schon Johannes bei früheren Litauen-Reisen um gute Honigvorräte ergänzt. Es folgt der Weiler **Trainiškis**. 600 m weiter erreichen Sie die Abzweigung links nach **Vaišnoriškė**, einem der besonders alten Dörfer im Park.

P WC Gegenüber der Abzweigung weist ein Schild rechts zum **Zeltplatz Vaišniūnių Stovyklavitė**. Der Platz bietet neben Grill- und Picknickstellen sowie Trockentoilette (behindertengerecht!) einen Badeplatz. Doch verwechseln Sie nicht die Zufahrt. Zunächst zeigt ein Schild rechts auf den Platz. Wenn Sie diese Zufahrt nutzen, dürfte auch Ihr Wohnmobil „Gebrauchsspuren" aufweisen, wie ein Bekannter die Kratzer bezeichnete, die sein Wohnmobil seither als „Andenken" mit sich führt. Sie rühren von überhängenden Ästen her.

P WC Die Route führt weiter nach **Vaišniūniai** und, kurz vor **Ignalina**, rechts ab auf der 114 nach **Palušė** zurück. Kurz vor dem Ortseingang, am Ende einer Gefällstrecke, werden Sie unterhalb der Straße die schöne **Badestelle Palušė/Lušiai** See entdecken, die ich schon mehrfach für eine Übernachtung genutzt hatte (GPS N55 19 53.3 E26 06 20.8). An diesem Platz startet übrigens der botanische Lehrpfad.

Botanikos Takas (botanischer Lehrpfad)

Am Zelt- und Picknickplatz verweist eine Informationstafel auf Biberbauten. Wenn Ihnen das nicht genug Naturerlebnis ist, sollten Sie den markierten, 3,5 km langen botanischen Pfad (ca. 1 Std. Gehzeit) am Ufer des **Lūšiai Sees** entlang Richtung Meironys gehen.

Der Weg ist gut begehbar (leichte Wanderschuhe sinnvoll) und führt in einen Geländeabschnitt, in dem mehr als 150 Pflanzenarten registriert sind. Neun davon stehen auf der Roten Liste bedrohter Arten. Die Markierung ist ein weißes Quadrat mit grünem Diagonalstrich. Auf sieben Stationen erhalten Sie Hintergrundinformationen über die grüne Heide, Schattenpflanzen

ROUTE 3

in Feuchtgebieten, Moorpflanzen, Wiesen am See, Seepflanzen, Waldpilze und zuletzt Flechten.

Nun heißt es Abschied zu nehmen vom schönen Nationalpark, es sei denn, das vielfältige Angebot an Aktivitäten überzeugt Sie zum längeren Verweilen und zu eigenen Entdeckungen. Ich fahre über Ignalina weiter auf der 102, später in nordwestlicher Richtung auf der 179. Diese hat den Vorteil, dass sie gut ausgebaut ist und eine zügige Fahrweise erlaubt. Zwar habe ich auch die landschaftlich attraktive Alternative (Abzweigung bei **Katižiškis** mit doppeltürmiger Kirche links der 102) am **Azvintis See** entlang und weiter am **Memiakalnis** (einer der höchsten „Berge" Litauens), **Tolimenai** und **Daubailiai** ausprobiert. Nach wie vor holpert man dort einige Kilometer weit auf Schotter dahin, wobei die Straße absolut problemlos und zügig befahrbar ist - aber halt staubig. Entscheiden Sie selbst.

Das erste Ziel an der 179 ist **Salakas**, das gleich mehrere interessante Punkte bietet. Sehenswert ist die weit übers Land sichtbare Kirche mit ihren zwei Türmen. Das Gotteshaus mit seiner beeindruckenden Größe wurde im 19. Jahrhundert aus Feldsteinen erbaut. Ihm sollten Sie einen kurzen Halt widmen. Nicht weit davon entfernt gelangt man zu einem Badesee, der zum Verweilen bei schönem Wetter einlädt.

Weiter nordwestlich liegen zwei weitere Badestellen, eine davon mit einem Restaurant mit Campingmöglichkeit, die andere mit einem Badesee und einfachem Zeltplatz.

Von **Zarasai** aus können Sie relativ schnell ins ca. 30 km entfernte, lettische Daugavpils fahren. Bei Firma Latvijas Propana Gaze ist es möglich, Gasflaschen befüllen zu lassen. Touristisch ist die Region Daugavpils aber wenig interessant,

Badesee Ladzio ezero bei Salakas

SALAKAS - BADESEE LADŽIO EŽERO

Stellplatzart: .... Parkplatz/Zeltplatz
GPS: N55 34 53.8 E26 09 23.3
Adresse: .... Salakas - außerorts
Zufahrtinfo: Im Ort dem Zeltsymbol folgen, an der Kirche vorbei, dann rechts zum Ende der Straße am Badesee.
Kurzbeschreibung: Geschotterte Parkfläche neben dem Badestrand mit Umkleidekabinen, Picknick-/Grillplätzen, Basketballfeld sowie Trockentoilette. (Bild vorige Seite unten und Titelbild dieses Buches).
Sonstiges: Im Wald gibt es ein weit verzweigtes Wegenetz, das man sehr gut für einen schönen Spaziergang am See entlang nutzen kann. Man findet dort auch einige einsame Plätzchen mit Zugang zum Wasser.

ZARASAI - DEGESA

Stellplatzart: .... Restaurant/Campingplatz
GPS: N55 37 49.9 E26 04 37.1
Adresse: .... Zarasai - Seliu A. 16
Tel.: .... +370 685 44450
mailto: .... info@degesa.lt
Homepage: .... www.degesa.lt
Zufahrtinfo: An der 179 rechts, kurz nach Überquerung einer Brücke über eine Bucht des Sees rechts ab. Schotterweg, stellenweise etwas ruppig.
Kurzbeschreibung: Platz für Wohnmobile finden Sie auf dem Parkplatz oberhalb des Restaurants. Der Platz ist interessant, weil neben der Einkehr auch ein Boot gemietet, gebadet und auf einer Rutsche in den See gesaust werden kann.
Sonstiges: Gegenüber, vor der genannten Brücke, liegt links der Straße ein Picknickplatz mit Seezugang (**GPS** N55 37 45.7 E26 04 34.7).

DEGUČIAI - SAMANIS SEE/PAŽINTINIS TAKAS

Stellplatzart: .... Parkplatz
GPS: N55 46 47.8 E25 40 47.1
Adresse: .... Degučiai, An der 179
Zufahrtinfo: Von der Einfahrt DEGESA 2,8 km weiter nordwestlich, dann links ab in den Wald abbiegen. Schotterstraße, recht eng mit einigen Schlaglöchern. Vorsicht wegen Zweigen, die teils in den Weg ragen.
Kurzbeschreibung: Drei Parkflächen entlang des Südufers des Sees, wobei die mittlere für Wohnmobile am besten geeignet erscheint.
Sonstiges: Hinter dem Parkplatz startet ein Wanderweg mit Informationstafeln zur Flora und Fauna hier im Regionalpark (Antalieptės Tvarios).

zumal sie sich durchweg durch schlechte Straßen auszeichnet, die einem Wohnmobil wirklich zusetzen..

Ich fahre auf der A6 nach Zarasai. Wer mag, kann sich auf dem Campingplatz einnisten, der sich nahe der Autobahn befindet, um das Städtchen ausführlicher zu besuchen. Für den Ausflug ins Zentrum bietet sich vom Campingplatz aus das Fahrrad an. Sie finden rund um den zentralen Stadtpark aber selbst mit dem Wohnmobil nach meiner Erfahrung problemlos einen Parkplatz

ZARASAI - KEMPINGAS

Stellplatzart: .... Campingplatz
GPS: N55 43 08.7 E26 13 19.1
Adresse: .... Zarasai, Kauno gatvė 67
Tel.: .... +370 620 93 432
Homepage: .... www.visitzarasai.lt
Zufahrtinfo: In Zarasai zunächst auf die A6/E62 Richtung Kaunas halten, im Süden des malerischen Sees rechts ab ausgeschildert.
Kurzbeschreibung: Geschotterte Wohnmobil-Stellpätze mit Stromanschluss, keine Ver-/Entsorgungsstation, Küche/Aufenthaltsraum, WC/Dusche gepflegt, Dusche gegen Zusatzgebühr. Übernachtung 17 €.

und können von dort aus bequem die Sehenswürdigkeiten zu Fuß erreichen.

2 Sehenswertes in Žarasai

Die Stadt liegt in eiszeitlichem Hügelland mit über 300 Seen. Hier entspringt die **Šventoji**, einer der längsten Flüsse Litauens. Zum Schutz der einzigartigen Natur wurde der **Gražutė-Regionalpark** gegründet.

Die Stadt leidet an der verkehrsreichen A6, die mit grobem Kopfsteinpflaster mitten hindurch führt. Hauptattraktion ist die Mitte des 19. Jh. errichtete Mariä-Himmelfahrts-Kirche. Eine Besonderheit ist die Aussichtsbrücke im Park, die sich im weiten Bogen über den nahen See spannt und eine hervorragende Aussicht bietet.

Als empfehlenswerter Einkehrtipp wurde mir von Einheimischen das Restaurant Monopolis am zentralen Platz nahe der Kirche empfohlen. Ich jedoch habe etwas anderes vor und starte deshalb den Motor zur Weiterfahrt. Mein Ziel ist die historische Mühle Šlyninka, wo ich meinen Hunger mit traditionellem Essen stillen und selbst gebackenes Brot kaufen kann.

Wassermühle (Šlyninka mulinas)

Das traditionelle „Logistik-Center"

ŠLYNINKAI - ŠLYNINKA MULINAS

Stellplatzart: Gaststätte/Hofladen
GPS: N55 44 03.2 E26 11 55.6
Adresse: Šlyninkai
Tel.: +370 686 23348
mailto: vandensmalunas@gmail.com
Homepage: www.slyninkosmalunas.lt
Zufahrtinfo: In Zarasai zunächst Richtung Rokiškis halten, dann der Ausschilderung Štadviliai folgen. Dort am Ortseingang links ab ausgeschildert (letztes Stück Schotterstraße).
Kurzbeschreibung: Wiesengelände bzw. geschotterter Parkplatz oberhalb der historischen Mühle. Keine wohnmobilspezifische Ausstattung, aber schöne Lage im Hügelland. Restaurantbetrieb, Mühle mit Verkauf regionaler und lokaler Produkte.
Sonstiges: Besichtigung der historischen Wassermühle aus dem 18. Jh.

STELMUZE - ALTE EICHE/KIRCHE

Stellplatzart: Parkplatz
GPS: N55 49 49.0 E26 13 04.2
Adresse: Stelmuzė - Ortszentrum
Zufahrtinfo: Von der 117 Richtung Rokiškis fahren Sie 2,5 km nach Einmündung des Sträßchens von Stadviliai her nordwärts und biegen dann auf die 5503 ab (ausgeschildert). Folgen Sie dem kurvigen Sträßchen 10 km bis in den Ortskern von Stelmužė.
Kurzbeschreibung: Asphaltierter Parkplatz unterhalb der Kirche, nebenan WC.
Sonstiges: Die alte Eiche und die Holzkirche befinden sich wenige Schritte entfernt.

ROUTE 3

Die aus dem 18. Jh. stammende **Wassermühle** (Šlyninka mulinas) im Weiler **Šlyninka** ist heute noch in Betrieb, wenn auch mit elektrischem Antrieb. Sie können einen Blick in die Mühle werfen, die ihr im traditionellen Mahlwerk hergestelltes Mehl auch in die Umgebung ausliefert.

Aus dem Mehl wird vor Ort ein kräftiges Brot gebacken, das Sie auch kaufen können. Sie sollten nicht mit gefülltem Magen dort ankommen, sondern die regionale Küche probieren, denn zur Mühle gehört ein kleines Restaurant, in dem Sie litauische Gerichte auf den Teller bekommen, wie sie von der Landbevölkerung über Jahrhunderte zubereitet wurden. Probieren Sie die traditionellen Pfannkuchen mit schmackhaftem Rahmbelag, dazu Kraut-Karottensalat und einen hausgemachten Brottrunk - das schmeckt richtig gut, sättigt, ist gesund - und obendrein sehr preiswert!

Sollte es Ihnen hier so gut gefallen, dass Sie gerne für eine Nacht bleiben möchten, sind Sie auf der nahen Zeltwiese gern gesehene Gäste. Einen festen Übernachtungspreis wollte man mir nicht nennen. Aber ich gehe davon aus, dass Ihnen der schöne Platz einen angemessenen Obolus wert ist, den Sie mit den Besitzern besprechen und dabei den äußerst günstigen Preis fürs Essen und Trinken berücksichtigen sollten.

Folgen Sie mir nun einige Kilometer weiter nördlich. In **Stelmužė**, an der Grenze nach Lettland, können Sie die wohl älteste Eiche Litauens bewundern. Man geht davon aus, dass sie gar die älteste ihrer Gattung in Europa sein könnte. Es sollen weit über 1.500 Lenze sein, die der knorrige Baum auf dem Buckel hat. Man bekommt allerdings schon Bedenken, ob da noch allzu viele Jahre hinzukommen mögen. Neben der Eiche sollten Sie die 1650 erbaute Kirche besichtigen, die einer Stabkirche in Norwegen ähnlich ist. Kein Nagel, keine Schraube wurde für die Grundkonstruktion verwendet. Im Kellergewölbe unter dem Chorraum können Sie das Beinhaus bewundern, in dem zahlreiche Skelettteile früherer Einwohner liegen. Der separate Glockenturm beherbergt eine Ausstellung über die Sagen des Ortes.

Nun geht es auf der asphaltierten, in vielen Kurven durch das Hügelland (litauische Schweiz) verlaufenden Nebenstraße 5304 zurück zur 117 und auf dieser weiter Richtung **Rokiškis**. Kurz nach **Antazavė**, bei der Einmündung der 178 (**GPS N55 49'56.8 E25 52'27.2**), können Sie Ihr Wohnmobil geradeaus auf einen gerade während meiner Recherche neu angelegten Zeltplatz steuern. Die Zufahrt ist zwar eng und steil, aber der Platz am Ufer des großen Sartai Sees im gleichnamigen Regionalpark umso schöner und übrigens gut ausgestattet.

Die Reise führt auf der 117 über **Obeliai**, wo Sie erneut eine stattliche Kirche anschauen können, deren Türme sich von weither über das flache Land zeigen. Nun sind es noch wenige

Das Schloss in Rokiškis

ROKIŠKIS - SCHLOSS

Stellplatzart: Parkplatz
GPS: N55 57 54.4 E25 35 48.2
Adresse: Rokiškis, Tyzenhauzų gatvė
Tel.: (Schlossmuseen) +370 458 52 261
mailto: muziejus@rokiskyje.lt
Homepage: www.muziejusrokiskyje.lt
Zufahrtinfo: Die 117 mündet in die 122, auf die man links einschert und sich ins Zentrum orientiert. Über die Panevezio und später die Respublikos g. zum Marktplatz/Unabhängigkeitsplatz. Dort rechts und weiter durch die Laišvės Aikšte zum See, dann dem Bogen folgend zum Schloss.
Kurzbeschreibung: Asphaltierter Parkplatz, Mülleimer. Nicht ganz ruhig, da nebenan eine Ortsstraße verläuft, wenn diese auch nicht stark befahren ist. Schöner Blick bis hinüber zur Matthäuskirche.

Kilometer nach **Rokiškis**. Dort empfehle ich einen Halt, denn das historische Schloss samt Kirche und die über 800 m lange Promenade dazwischen sind eine absolute Rarität.

Ich parke das Fahrzeug auf dem Marktplatz, den ich über die Respublikos gatvė erreiche. Der Spaziergang durch die Stadt führt über den Unabhängigkeitsplatz. Start ist an der Matthäuskirche mit ihrer herrlichen Backsteinfassade. Weiter geht es vorbei am Torbogen mit dem Unabhängigkeitsdenkmal zwischen Blumenrabatten schnurgerade auf das Schloss der Herren von Tiessenhausen zu.

Man kann durch den hübschen Park das landeskundliche Museum im Schloss besuchen. Es beherbergt Exponate zur Geschichte des Landes. Ein Schwerpunkt ist auch hier die Besatzung durch die Sowjets und die Nazis. Sehenswert sind die Holzschnitzereien des L. Šepka im Nebengebäude. Vor dem Schloss finden Sie einen Parkplatz, der für eine Nacht taugt.

ROUTE 3

Der Marktplatz in Rokiškis

BIRŽAI - SCHLOSS

Stellplatzart: Parkplatz
GPS: N56 12 18.5 E24 45 25.9
Adresse: Biržai, Radvilos g.
Zufahrtinfo: Auf der 123, Respublikos g., in die Stadt, dort rechts ab in die Vytauto g. s Zentrum. Nach ca. 1 km links in die Radvilos g. zum Parkplatz.
Kurzbeschreibung: Asphaltierter Parkplatz
Sonstiges: Kurzer Fußweg über die Holzbrücke zum Schloss nebst Schlosspark mit historischem Museum, Spazierweg, Bademöglichkeit am See.

BIRŽAI - JAUNIMO GATVĖ/HOLZBRÜCKE

Stellplatzart: Parkplatz
GPS: N56 12 39.8 E24 46 08.8
Adresse: Biržai, Malūno g.
Zufahrtinfo: Bei der kath. Kirche der abknickenden Vorfahrt folgen (Basanaviciaus g.). Bei der Tankstelle links ab in die Jaunimo g.
Kurzbeschreibung: Aspaltierter Parkplatz direkt vor der Holzbrücke über den See hinüber zum neuen Schloss.
Sonstiges: Spaziergang über die Holzbrücke. Das neue Schloss ist sehenswert, ebenso wie der zugehörige Park.

Zur Weiterfahrt nehme ich zunächst den Weg, wie zuvor, wechsle aber von der Respublikos gatvė auf die 123 (Taikos gatvė) und halte mich weiter in nordwestlicher Richtung auf **Biržai** zu. Bei dieser Stadt darf man mit Fug und Recht sagen: Nomen est Omen - hier wird Bier gebraut, und zwar richtig gutes.

ROUTE 3

3 Sehenswertes in Biržai

An erster Stelle ist natürlich das Radvila Schloss von Biržai (Bild unten) zu nennen, das wenige Schritte vom erstgenannten Stell-

BIRŽAI -BRAUEREIEN

Rinkuskiai, Verkauf und Restaurant, www.rinkuskiai.lt
+370 450 33844 Alyvų g. 8
Birzu Alus, Brauerei, www.birzualus.lt
+ 370 450 36141, Rotušės g. 22

platzvorschlag entfernt liegt. Die Festungsanlage lässt sich mitsamt erhaltener Bastionen und Wassergraben noch gut erkennen. Es beherbergt in zwei Flügeln des stattlichen Gebäudekomplexes das Regionalmuseum mit Ausstellungen zur Geschichte der Stadt und des Bezirks. (Tel. +370 450 33390, offen Di-So 10-17h). Vom Parkplatz sehen Sie in der anderen Richtung die dem Hl. Johannes d. T. geweihte katholische Kirche aus dem 19. Jh. mit prächtiger Innenausstattung.

Vom Parkplatz an der Jaunimo g. aus ist es ein schöner Spaziergang über die 525 m lange Holzbohlenbrücke (nur Fußgänger/Fahrräder) zum neuen Schloss. Der Weg über den See eröffnet dabei eine herrliche Aussicht über die weiten Schilfgürtel zurück zur Stadt und zum Schlosspark. Das Schloss selbst versteckt sich weitgehend hinter dessen schönem, altem Baumbestand.

Bei der Mündung der Agluona in den See befindet sich das Biržai Regionalparkzentrum.

Ausflug in den Biržai Regionalpark

Wer an der Natur interessiert ist, aber auch kulturelle und geschichtliche Besonderheiten sehen möchte, kann einen Ausflug in den Regionalpark einplanen. Zwei Rundfahrten habe ich als Vorschlag zusammengefasst. Besonders den ersten können Sie gut mit dem Fahrrad, aber auch mit dem Wohnmobil in Angriff nehmen. Umfahren Sie den Sirvėnos See gegen den Uhrzeigersinn, überqueren Sie zunächst die Apaščia und halten sich schräg links. Weiter geht es über den Staudamm, von wo man einen tollen Blick zur Stadt genießt. Den Astravas Palast lassen Sie links liegen und bewundern die alte Brücke. Man gelangt im weiteren Verlauf in das Dorf Rinkuškiai und von dort nach Biržai zurück. Die (Fahrrad-)Tour lässt sich auch über die Kuhhöhle verlängern, die eine besondere Sehenswürdigkeit im Regionalpark darstellt. Ein Stück dieses Weges ist auch der Beginn eines netten Ausfluges in die einsame Natur des **Biržai Regionalparks**, der entlang der lettisch-litauischen Grenze führen wird, wobei die Fahrt auf Schotterstraßen nicht ganz vermeidbar ist.

ROUTE 3

In Höhe des Astravas Palastes hält man sich nach **Drąseikiai** und folgt der Schotterstraße in nördlicher Richtung. Nordöstlich von **Užušiliai** orientiert man sich Richtung **Nemunėlio Radviliškis.** In Höhe der Kirche knickt die Straße nach Osten ab und folgt dem Grenzfluss **Mėmele (Nemunėlis)** aufwärts. Nutzen Sie da und dort die Zeit für einen Halt, um die Landschaft zu genießen oder zum ruhig mäandrierenden Fluss hinab zu gehen. Nehmen Sie dabei aber Rücksicht auf die Natur – und erschrecken Sie nicht, wenn Sie mal einen Reiher oder andere Vögel aufscheuchen. Südlich von Pučiakalnė dürfen Sie die wohl zweitälteste Eiche Litauens bewundern.

Bald weist ein Schild „Birzų Krastas" links ab auf einen engen Schotterweg – ein Stellplatztipp des Fremdenverkehrsamtes in Biržai, der aber nur von Wohnmobilpiloten genutzt werden sollte, die vor schlechten und sehr engen Walddurchfahrten nicht zurückscheuen. Wieder an der Hauptstrecke, wenn man diese so nennen möchte, geht es links ab südwärts, vorbei an einsamen Gehöften, Wiesen und Wäldern. Nach etwa 5,5 km folgt eine Gabelung, wo man zurück nach **Biržai** gelangt.

Eine weitere, ganz besondere Sehenswürdigkeit natürlichen Ursprungs befindet sich im Westen der Stadt, die Kuhhöhle. Weshalb Kuhhöhle? Der karstige Untergrund ist hier mit Ver-

Das Karstgebiet von Kirkilei

BIRŽAI - KARVĖS OLA (KUH HÖHLE)

Stellplatzart: Parkplatz
GPS: N56 12 20.8 E24 41 33.7
Adresse: Birzai
Zufahrtinfo: 1,9 km westlich der Zufahrt der Brauerei links abbiegen und bis zum ausgeschilderten Parkplatz auf der linken Seite fahren.
Kurzbeschreibung: Geräumiger Parkplatz nebst Infotafel und Grill-/Picknickstellen am Waldrand. Ein Fußweg führt kreuz und quer zwischen den Absenkungen im Untergrund hindurch. Teils kann man auch in die kraterartigen Löcher einsteigen.

werfungen und Absenkungen verbunden. Teils sind kraterartige Vertiefungen entstanden. In eine von diesen soll einst eine Kuh gefallen sein, die erst nach längerem Suchen wieder in der Tiefe entdeckt wurde.

Der Aussichtsturm von Kirkilei

Eine echte Sehenswürdigkeit ist das Karstgebiet von Kirkilei (**GPS N56 14'53.1 E24 41'29.0**). Knapp 10 Kilometer entfernt, finden Sie eine einzigartige Seenlandschaft. Durch den karstigen Boden sind hier an die 30 Erdlöcher entstanden, die sich mit Wasser gefüllt haben. Im Sonnenlicht entsteht, wenn man vom einzigartigen

Der eigenwillige Aussichtsturm

Noch jemand beim Frühstück

ROUTE 3

Aussichtsturm hinab sieht, ein faszinierendes Spiel von Farben. Je nach Tageszeit und Bewölkung sehen die Seen immer wieder anders aus. Ich bin faszinert und entscheide mich spontan, auf dem großzügigen, gepflasterten Parkplatz zu übernachten.

Am späten Nachmittag klopfte es an meiner Tür, und eine sehr alte Dame stand vor mir. Ich hatte sie schon vorher bemerkt, denn sie verkaufte auf dem Parkplatz frisches Gemüse aus dem Kofferraum. Fröhlich lachend hielt sie mir riesige Zucchini entgegen. Ich entschied mich für zwei und kramte nach Geld, als sie energisch den Kopf schüttelte und russisch mit mir sprach. Ich stutzte, verstand aber dann, dass sie mir die Zucchinis schenken wollte. Geistesgegenwärtig kam mir noch in den Sinn, mich mit einem Händedruck und einem freundlichen „bolshoye spasibo" zu bedanken. Ein Moment standen wir so, Hand in Hand und lachten uns an. Es sind diese Begegnungen, die uns vermutlich lebenslang in Erinnerung bleiben werden.

Am Morgen darauf setzte ich mich früh an einen See, genoss die Stille, denn ich war völlig allein, und konnte Störchen beim Frösche jagen zusehen.

Mit wunderschönen Eindrücken und bester Laune verlasse ich Biržai in strömendem Regen. Nachdem ich noch Lebensmittel und Bier eingekauft habe, fahre ich auf der 125 die 13 km bis zur A10 und weiter, an der touristisch kaum interessanten Industriestadt **Panevėžys** vorbei. Unterwegs besuche ich noch einen kleinen, gemütlichen und wirklich schönen Campingplatz. Von hier aus können Sie mir auf einen schönen Abstecher weiter südlich folgen. Anderenfalls nehmen Sie die westwärts führende A9 Richtung Šiauliai.

PAJIESMENIAI - MINI CAMPING

Stellplatzart:........... Wohnmobil-Stellplatz
GPS: N56 06 31.9 E24 29 03.9
Adresse: .... Pajiesmeniai
Tel.: .... +370 60329485
mailto: .... gerai.labai@gmail.com
Homepage: .... camperplace-ltu.page.tl
Zufahrtinfo: Von der A10 (Via Baltica) 400 m nach Einmündung der 125 links ab ausgeschildert - Zufahrt 1,2 km.
Kurzbeschreibung: Die Betreiber Daiva und Kees empfangen ihre Gäste ganzjährig auf ihrem Hof. Stellplätze auf Rasen oder Beton, Strom, Dusche/WC, Entsorgung Toilette OHNE Chemie hinter der Scheune, Grauwasser und Chemietoilette im Hof (nachfragen!), WiFi. Es wird deutsch gesprochen. 200 m entfernt Badesee (öffentlich) mit Picknick-/Grillstelle.

UPYTĖ - FLACHS- UND LEINENMUSEUM

Stellplatzart: .... Parkplatz
GPS: N55 37 46.9 E24 13 52.9
Adresse: .... Upytė, Eriškių gatvė
Tel.: .... +370 615 43097
Zufahrtinfo: Von der A17 auf die 195 abbiegen. Von dort aus ist das Flachs- und Leinenmuseum links ab ausgeschildert („Linų Muziejus").
Kurzbeschreibung: Parkplatz kurz vor der schon von der Straße aus sichtbaren Windmühle. Auf dem Freigelände überdachte Picknickstellen sowie eine Trockentoilette.
Sonstiges: Gerne sind Museumsgäste auch für eine Nacht auf dem Parkplatz willkommen, sollten dies aber mit dem Personal besprechen, wobei Sie sich mangels Sprachkenntnissen (D/GB) der Ansprechpartner mit Händen und Füßen behelfen müssen, wie man so sagt. Das tut der Gastfreundschaft aber keinen Abbruch.

4 Wisentpark Stumbrynas und die Region Krekenava

Diesen Ausflug empfehle ich, wenn Sie naturverbundene Plätze mögen und Schotterstraßen nicht scheuen. Doch sind diese - bei angepasster Fahrweise - mit Wohnmobilen gut befahrbar. Darauf weise ich später hin, wobei Sie den fraglichen Abstecher weglassen können. Umfahren Sie **Panevėžys** auf der westlich der Stadt verlaufenden Umgehungsstraße (A17) und biegen auf die 195 ab, die in südwestlicher Richtung verläuft und zum ersten sehenswerten Ziel führt. Im **Flachsmuseum** bei **Upytė** sehen Sie, wie Leinen aus Pflanzenfasern hergestellt wird. Sie dürfen hier auch selbst mal Hand anlegen. Bestaunen Sie im Museum, das in einer alten Windmühle untergebracht ist, wie in Handarbeit aus hart anmutenden Pflanzen feinste Fasern gemacht werden. Aus diesen werden Fäden gesponnen und zu hochwertigem Leinen gewoben. Vieles ist zu bestaunen, manches zu erwerben.

Nun können Sie die Straße südwärts nehmen, wobei ab **Eiriškiai** für eine kurze Strecke Schotter unter den Reifen knirscht. Wer das nicht mag, fährt zurück zur 195 und fährt auf dieser, einen Umweg in Kauf nehmend, in südlicher Richtung bis **Krekenava**, um dort links ab der Ausschilderung zum Wisentpark zu folgen.

Sie möchten auch einmal eine Herde Wisente sehen? In dieser Region wurde eine Herde von 20-30 Tieren ausgewildert, die sich in ihrem neuen Umfeld gut eingelebt und vermehrt haben soll. Da Sie die wild lebenden Tiere kaum zu Gesicht bekommen dürften, bietet der **Wisentpark Stumbrynas** eine passende Gelegenheit, die beeindruckenden Tiere näher zu beobachten.

STUMBRYNAS - WISENTPARK

Stellplatzart: .... Parkplatz
GPS: N55 33 26.8 E24 13 03.5
Adresse: .... Girelė
Tel.: .... +37062059809
Zufahrtinfo: Von Upytė (Flachsmuseum) zunächst auf Asphalt, später auf Schotter bis zur Einmündung in die wiederum asphaltierte Straße 3003. Von dort nach gut 3 km der Ausschilderung rechts ab folgen. Erneut eine Schotterstraße führt nach 2,3 km zum Straßenende/Parkplatz.
Kurzbeschreibung: Geschotterter Parkplatz vor der Eintrittskasse in Sichtweite zu einem benachbarten Gehöft. Picknickbänke und Trockentoilette im Tierparkgelände (Eintritt).
Sonstiges: Bitte fragen Sie nach, ob man mit der Übernachtung (ohne Campingverhalten) einverstanden ist. Die Regionalparkverwaltung und entsprechend die Ranger sehen dies nicht gerne, da die Tiere ihre Ruhe haben müssen.

DER WISENTPARK STUMBRYNAS

Im Wisentpark der Verwaltung des Krekenava Regionalparks lebten zur Zeit meines Besuches 2 Herden, jede mit einem Bullen. Die Gehege sind von Di-Fr täglich von 10-16, Sa/So 10-18 Uhr zu besichtigen. Zusätzlich gibt es etwa 50 wild lebende Wisente, von denen eine Herde in den Wäldern um Stumbrynas, eine weitere in der Nähe von Ukmergė und eine Gruppe nahe Kėdainiai eine Heimat gefunden haben.

So ist offensichtlich in dieser Region die Wiedereinbürgerung dieser imposanten Wildrinder gelungen. Bleibt zu hoffen,dass der Erfolg von Bestand ist!

Für einen geringen Eintrittspreis (€ 1,70) beobachtet man die Herden von einer Besucherplattform aus. Greift man etwas tiefer in die Tasche (€ 3,00 je Person) kann man sich einer Besuchergruppe zu einer Führung in die Wälder anschließen. Dann besteht die Möglichkeit, die Tiere auch in freier Wildbahn zu entdecken.

ROUTE 3

Im Wisentpark

MUČIŪNAI - ZELTPLATZ

Stellplatzart: .... Zeltplatz
GPS: N55 35 02.4 E24 07 19.5
Adresse: .... Im Krekenava Regionalpark bei Mučiūnai
Zufahrtinfo: 5,7 km nördlich der Einmündung vom Wisentpark her auf die 195 (ca. 1 km nach Überquerung der Upytė) zweigt links eine Schotterpiste ab (Ausschilderung Zeltplatz).
Kurzbeschreibung: Schöner, idyllisch gelegener Picknick- und Grillplatz am Waldrand, direkt am Ufer des Flusses Nevezis. Trockentoilette. Kanuanlegestelle. Kanufahrer haben also auch ihre Freude.

Vorsicht: Bodenwellen, Schlaglöcher und überhängende Äste möglich. Vorsicht bei wenig Bodenfreiheit bzw. langem Radüberhang!

Die dort befindlichen Tiere sind dafür vorgesehen, ausgewildert zu werden. Mit Ihrem Besuch verbinden sollten Sie den vom linken Wisentgehege aus schräg durch den Wald angelegten, wenn auch kurzen Naturinformationspfad.

Auf Informationstafeln wird Wissenswertes (wenn auch nur in litauischer Sprache, aber mit verständlichen Bildern) vermittelt. Einen ruhigen Parkplatz gibt es dazu.

Ist man an der 3003 zurück und biegt rechts Richtung Krekenava ab, können Sie als Stellplatzalternative nach etwa 6,5 km links ab auf den einsam im Wald gelegenen Wanderparkplatz fahren, von dem aus ein Wanderpfad in die urwaldartigen Wälder führt

KREKENAVA REGIONALPARK - BESUCHERZENTRUM

Stellplatzart: .... Parkplatz
GPS: .... N55 33´07.5 E24 06´17.3
Adresse: .... Im Krekenava Regionalpark
Tel.: .... +37045593648
Zufahrtinfo: In Krekenava der Ausschilderung Naujamiestis folgen, oder einfach am Aussichtsturm orientieren.
Kurzbeschreibung: Parkplatz vor dem Besucherzentrum des Regionalparks. Der Aussichtsturm bietet eine wunderschöne Sicht auf die Umgebung.

ROUTE 3

(Grininkijos Takas - **GPS N55 32 00.0 E24 07 04.8**, etwa 150 m von der 3003 entfernt im Wald gelegen).
Wieder an der 195 zurück, geht die Reise nordwärts weiter, wobei sich ein kurzer Besuch in **Krekenava** lohnt, einerseits der Kirche mit reichen Kunstschätzen, andererseits wegen des neuen Besucherzentrums Regionalparks mit einem Aussichtsturm.

Ich verlasse nun Krekenava in Richtung Šiauliai. Da ich überhaupt keine Lust auf endlose Schotterpisten mit Waschbrettern habe, nehme ich den Weg über die 195 in Richtung Panevėžys. Bald biege ich auf die A17 ein (Umfahrung Panevėžys) und von dieser in westlicher Richtung auf die A9, die im weiteren Verlauf nach Šiauliai führt. Bevor ich allerdings dorthin gelange, lege ich in Šeduva einen Halt ein. Das ehemalige Gutsschloss Raudondvaris mit einem schönen Park sind einen Abstecher wert. Die Abzweigung dorthin befindet sich bereits kurz vor der Ortseinfahrt links ab.

Im Ort selbst lohnt sich eine Besichtigung der alten Kirche von 1643 und des schmucken Ortskerns. Sind Sie wieder auf dem Weg zur A9, können Sie beim gemütlichen Restaurant am Ortsausgang in der weithin sichtbaren Windmühle, Šeduva, Vytauto g. 89a, eine Stärkung genießen. Kaffee und Kuchen schmeckten mir gut. Auch die Menükarte verspricht Leckeres.

Dass Einheimische dort gerne und zahlreich speisen, spricht bekanntlich für ein Restaurant. Genießen Sie den Verdauungsspaziergang durch den schönen Garten am Fuß der Windmühle.

Zurück an der A9 ist zügig die Umfahrung Šiauliai (Schaulen) erreicht. Hier hat nicht viel Schönes die beiden Weltkriege und die Sowjetzeit überstanden. Auch bei wiederholtem Besuch in der Stadt fällt es mir schwer, Ihnen einen ausführlichen Auf-

ŠEDUVA - ŠEDUVOS MALŪNAS

Stellplatzart: Restaurant
GPS: N55 45 39.2 E23 44 35.9
Adresse: Šeduva, Vytauto g. 89a
Tel.: +370 422 56300
mailto: malunas@gmail.com
Homepage: www.seduvosmalunas.lt
Zufahrtinfo: Von der A9 aus am Ortsende links ab ausgeschildert.
Kurzbeschreibung: Asphaltierter Parkplatz an der westlichen Ortsausfahrt von Šeduva mit angemessenem Abstand zur Fernstraße. Sehr schöner Garten, Außenterrasse und Pavillon sowie gemütlicher Gastraum in der Mühle. Gästen des Restaurants gewährt man auf Anfrage gern die Möglichkeit zur Übernachtung.

enthalt nahezulegen, zum Einkaufen ist die Stadt aber natürlich willkommen.

5 Der Berg der Kreuze

Eine der wohl bekanntesten und Sehenswürdigkeiten Litauens liegt nur wenige Kilometer nördlich der Stadt. So biege ich auf die A12 (Richtung Rīga) ab, verlasse diese aber bald schon wieder schräg nach rechts, es geht zum Berg der Kreuze ist gut ausgeschildert. Der dortige Parkplatz ist gebührenpflichtig, aber zugleich ein passabler Platz für eine Übernachtung. Von der Tourist Information (dort auch ein WC mit Münzeinwurf) gehen Sie durch eine Unterführung in wenigen Minuten zum 9 m hohen Hügel, der durch die teils mächtig großen Kruzifixe wesentlich höher erscheint. Der beeindruckende Hügel, auf dem mittlerweile schier unzählige Kreuze angebracht sind, hatte sich schon zur Sowjetzeit zum Wallfahrtsort entwickelt. Vermutlich war der Sandhügel schon weitaus früher ein mystischer Ort. Doch seine heutige Form erhielt er durch den Widerstandswillen der Litauer gegen die Besatzungsmacht. Die Sowjets ließen die Kreuze immer wieder niederreißen, um dann zuschauen zu müssen, wie die Pilger immer mehr neue Kreuze aufstellten. Den Glauben konnte ihnen auch die Besatzungsmacht nicht rauben.

Dieser unbeugsame Widerstand und die Frömmigkeit der Pilger beeindruckten Papst Hl. Johannes Paul II. so sehr, dass

P ŠIAULIAI - BERG DER KREUZE (KRYŽIŲ KALNAS)

Stellplatzart: Parkplatz
GPS: N56 00 49.4 E23 24 28.3
Adresse: Siauliai/Meškuičiai, Kryžių kalnas
Tel.: +370 41 370860
mailto: tic@siauliai.lt
Homepage: www.siauliai.lt
Zufahrtinfo: Auf der A12 Richtung Rīga fahren, etwa 5,5 km nördlich der Ortsausfahrt Šiauliai schräg rechts. Nach 2 km links der Parkplatz (Zufahrtschranke).
Kurzbeschreibung: Asphaltierter Parkplatz kurz vor dem Berg der Kreuze. Parkticket ist bei der Tourist Information zu bezahlen (Wohnmobile € 3,50). Übernachtung im Wohnmobil wird geduldet. Ausfahrt nur mit bezahltem Ticket (Schranke).
Sonstiges: Zahlreiche Souvenirstände bieten teils geschnitzte, oft aber billig hergestellte Kreuze aller Art. Die meisten werden am Berg der Kreuze angebracht, manche auch für zu Hause gekauft. Natürlich wird auch anderer „Nippes" feilgeboten, wie er an solch stark frequentierten Plätzen überall zu haben ist.

er diesen Ort 1993 besuchte und im eigens erstellten Pavillon eine Messe zelebrierte.

Am Berg der Kreuze

Leider hat die Pilgerstätte ihren Charakter meines Erachtens verloren. Touristen werden in zahllosen Busladungen herangefahren, so dass der ganze Ort eher den Eindruck einer Mischung aus Vergnügungspark und Stadtfest macht. Ich verabschiede mich jedenfalls nach wenigen Minuten, und suche mir nach etlichen Nächten Freistehens den schönen Campingplatz bei Joniškis aus. Er liegt nur wenige Fahrminuten nördlich an der A12 in der Ortschaft Gataučiai.

Der liebevoll hergerichtete Platz liegt direkt an der Schnellstraße, was ich aber nicht als störend empfand, es war angenehm ruhig. Ich ordne Aufzeichnungen und sichte Bilder und muss an die Tage im Aukštaitija Nationalpark denken. Die Farben, die Wärme, das Licht in den Seen, und diese atemberaubende Abendstimmung...

ROUTE 3

GATAUČIAI - SUNNY NIGHTS CAMPING

Stellplatzart: ... Campingplatz
GPS: ... N56 09'25.1 E23 32'02.0
Adresse: ... Rygos str. 12A, Gataučiai
Tel.: ... +370 626 06735
Homepage: ... www.sunnynights.lt
mailto: ... sunnynightscamping@gmail.com
Zufahrtinfo: Der Platz liegt direkt an der A12/E77.
Kurzbeschreibung: Platz an einer ehemaligen Poststation, teils mit Natursteinen gepflastert, teils Wiese unter schönen alten Bäumen mit Gartencharakter. Strom, Ver- und Entsorgung, Dusche, WC, Waschmaschine, WLAN, Übernachtung ca. 20€.
Sonstiges: Bei längerem Regen wird die Wiese stellenweise (naturgemäß) matschig, was bei glatten Sommerreifen spannend werden könnte.

Die A12 führt in Richtung Lettland, genauer gesagt über Jelgava in die Hauptstadt Riga. Sie haben deshalb die Möglichkeit, hier zügig in die Routen des M&AE Wohnmobil-Reiseführers Lettland zu wechseln.

Wenn Sie den Weg nach Norden suchen, dann ist die A12 die beste Straße. Die lettischen Straßen hinter Skuodas sind eine Zumutung. Sie verpassen dann allerdings eine interessante Region: Den Nordwesten Litauens, **Žemaitija**.

Abendstimmung im Aukštaitija Nationalpark

ROUTE 3

Žemaitija (West-/Niederlitauen)

Žemaitija (Schemaiten) liegt im Nordwesten des Landes und umfasst Niederlitauen und im Westen die Küstenregion einschließlich des Badeortes Palanga. Klaipėda (Memel) wurde bereits im Zusammenhang mit dem „inoffiziellen" Landesteil „Memelland" beschrieben.

Ein Höhepunkt der Reise durch Žemaitija ist der gleichnamige Nationalpark, der fast 22.000 Hektar umfasst, darunter zahlreiche Seen, weite Waldgebiete und neue, erstklassige Radwege durch den Park. Mitten in diesem Nationalpark, am Plateliai ežeras, liegt das Erbe eines der dunkelsten Kapitel der litauischen Geschichte, eine Raketenbasis der Roten Armee, die heute als Museum besuchbar ist. Anschließend besuchen wir Litauens Seebäder, die Städte Palanga und Sventoji mit traumhaften Stränden an der Ostsee.

Im Freilichtmuseum von Telšiai

Höhepunkte der Tour Žemaitija (West-/Niederlitauen)

1 TELŠIAI

Das Ethnografische Museum von Telšiai erlaubt mit den authentsichen Gebäuden einen Blick in die Vergangenheit. (Seite 130)

2 PLUNGĖ

Tor zum Nationalpark Žemaitija, mit Schloss und Parks einer erstklassigen Werkstatt. (Seite 131)

3 PLATELIAI EŽERAS, NATIONALPARK ŽEMAITIJA

Der See liegt mitten im Nationalpark Žemaitija und bietet Naturerlebnis und Freizeitangebote. (Seite 134)

4 ŠVENTOJI

Das ehemalige Fischerdorf entwickelte sich zum größten, neuen Kurort Litauens. Hier finden Sie wunderbare Strände, Strandbars mit leckerem, regionalen Essen und einen schönen Campingplatz. (Seite 143)

5 PALANGA

Das „litauische Nizza", ein traditionelles Seebad mit allem, was dazu gehört: Schloss, Konzertsaal Seebrücke, Strände und das entsprechende Nachtleben. (Seite 146)

Vom Berg der Kreuze aus fahre ich zunächst zurück nach Šiauliai. Einige wenige sehenswerte Dinge gibt es in der Stadt, beispielsweise die **Villa Chaim Frenkel**. In der aufwändig renovierten, prachtvollen Villa (Vilniaus g. 74, Šiauliai, +370 41 524389,www.ausros-muziejus.lt) werden neben der Dauerausstellung „Jüdisches Erbe in Šiauliai: Kaufleute Frenkel"immer wieder Sonderausstellungen zum jüdischen Leben gezeigt, beispielsweise über koschere Lebensmittel.

Für Ernährungsbewußte gibt es in der Nähe das **Schokoladenmuseum „Rūta"** (Tilžės g. 133, Šiauliai, +370 610 41050, www.sokoladomuziejus.lt), in dem man in Workshops eigene

ROUTE 4

TAURAGĖ - TAURAGĖNŲ VIENKIEMIS

Stellplatzart: Gaststätte
GPS: N56 00 00.7 E22 28 45.9
Adresse: Pateklėnai, Peteklos g. 9
Tel.: +370 611 19604
Zufahrtinfo: 50,4 km nach Abzweigung von der A18 auf die A11.
Kurzbeschreibung: Etwas abseits der Fernstraße gelegener Parkplatz vor der Gaststätte. In dem Familienbetrieb wird die zemaitsche Küche gepflegt. Im Restaurant und auf der schönen Außenanlage gilt Hundeverbot. Jedoch bleibt in der Umgebung genug Platz, mit Fifi Gassi zu gehen und anschließend die Einkehr zu genießen.

1 TELŠIAI - ETHNOGRAFISCHES MUSEUM

Stellplatzart: Parkplatz
GPS: N55 57 57.6 E22 14 27.9
Adresse: Telšiai, Malūno g. 5
Tel.: +370 444 70283
mailto: info@muziejusalka.lt
Homepage: www.muziejusalka.lt
Zufahrtinfo: Der Ausschilderung ins Zentrum folgen, dort rechts ab am Fuß der Kirche vorbei. Dann links ab in die Muziejaus gatvė und dieser folgen, bis nach dem See die Zufahrt zum Museum ausgeschildert ist. Von Süden her schöner Blick über den See auf die Altstadt.
Kurzbeschreibung: Parkplatz auf Kopfsteinpflaster leicht schräg. Trokkentoilette, Kaffeeautomat an der Kasse.
Öffnungszeiten/Info: Mitte Mai-Mitte Oktober Mi-So 10-19 h. Eintritt € 2,00, ermäßigt € 1,20.
Sonstiges: Übernachtung auf vorherige Anfrage (nachts wird die Zufahrt durch eine Schranke versperrt). Etwas unterhalb ein weiterer Parkplatz.

Delikatessen kreieren kann. Südwestlich von an der A12 kann man im **Müllerhaus und - hof in Žaliūkės** (Architektų g. 73, +370 41 524390, www.ausrosmuziejus.lt) dem Leben einer Müllerfamilie nachspüren, und etwas südlich davon ist ein **Akropolis Einkaufszentrum** (Aido g. 8, Šiauliai, +370 612 81469, www.akropolis.lt) mit Supermärkten, Apotheke, Fachgeschäften und Tankstellen.

Über die A11/E272 rolle ich die gut 70 Kilometer westwärts nach Telšiai, dem nächsten Ziel. Kurz halte ich in einem Restaurant um eine Pause zu machen. Als ich weiterfahre, habe ich den Eindruck, einer der unzähligen Ölflecken auf dem Asphalt könnte von mir sein. Dabei war ich vor der Abfahrt noch in der Werkstatt.

Nur wenige Kilometer weiter westlich halte ich in **Telšiai**. Die Bezirkshauptstadt bietet in der Altstadt einige sehenswerte Gebäude aus den ersten Jahren des 20. Jahrhundert, aber auch Holzhäuser aus früheren Zeiten. Beeindruckend sind die wuchtige Bischofskirche und das frühere Bernhardinerkloster.

Empfehlen möchte ich Ihnen den Besuch im **Freilichtmuseum**, zumal sich dort auch ein Parkplatz findet, der nicht nur Platz für Ihr Wohnmobil bietet, sondern auch übernachtungstauglich ist. Es liegt auf der südwestlichen Seite des Stadtsees und umfasst auf 8,5 ha 16 Gebäude aus Žemaitija, die an den Originalstandorten abgetragen, hier originalgetreu wieder aufgebaut wurden und das bäuerliche Leben der Region Ende des 19. bzw. Anfang des 20. Jahrhunderts widerspiegeln.

Das **Museum der samogitischen Geschichte** finden Sie in der Muziejaus g. 31, +370 684 75372.

Der wichtigste Ort ist meiner Meinung nach aber in der Respublikos g. 49, +370 444 53748, www.dziugashouse.lt. Hier im **Käse-Museum „Džiugas"** kann man den bis zu 2 Jahren gereiften, litauischen Hartkäse nach einer Anmeldung probieren (Anmeldung degustacijos@dziugashouse.lt).

2 Plungė

Ich fahre weiter. Da das Wetter wieder gut wird, will ich die Nacht am **Plateliai See** im Nationalpark verbringen und fahre die knapp 40 Kilometer zum Stellplatz. Dort angekommen, genieße ich einen Kaffee beim Blick auf den wunderschön in Wälder eingebetteten See, als ich angesprochen werde. Aus meinem Motor würde etwas heraustropfen. Ein tiefschwarzer Ölfleck hat sich gebildet. Ich entscheide mich, auf der Stelle ins nahe Plungė zu fahren. Dort wird es Werkstätten geben, und ich muss aus dem Nationalpark raus. Da es bereits Abend ist, übernachte ich auf dem Parkplatz am Schloss.

Plungė (rd. 25.000 Einw.) gilt als Tor zum Nationalpark. Das stattliche Schloss und vor allem der herrliche Park mit einem alten Baumbestand und sieben schönen Teichen und Wasserläufe ermöglichen einen abwechslungsreichen, ausgedehnten Spaziergang. Der 58 ha große Park ist frei zugänglich. Das prächtige Schloss des Grafen Mykolas Oginski wurde 1879 erbaut und beherbergt heute das Kunstmuseum. Ein Raum ist dem Maler und Komponisten M. K. Čiurlionis gewidmet, der hier in Plungė von 1889-92 die Musikschule besucht hatte. Öffnungszeiten/Info: Mi-So 1000-1700 h (sofern nicht gerade, wie bei meinem Besuch, eine Hochzeitsgesellschaft die Empfangsräume angemietet hat und die Besichtigung deshalb nicht möglich ist. Tel. +370 8448 52492, mailto:zd.muziejus@takas.lt, www.oginski.lt. Nicht entgehen lassen sollten Sie sich die Bibliothek beim Glockenturm

PLUNGĖ - UAB TRANSFORTAS (WERKSTATT)

Adresse: Rietavo g. 134, Plungė
Tel.: +37068646443
mailto: info@transfortas.lt
Homepage: www.muziejusalka.lt
Kurzbeschreibung: Moderne Werkstatt mit Hebebühne für Wohnmobile.
Geöffnet: Mo-Sa 8-17 Uhr
Sonstiges: Reifendienst, Mietwagenservice

PANNENHILFE

Vom Boschdienst in Plungė bekomme ich eine Adresse, dort kann man Transporter und Wohnmobile. Ein Mechaniker, der fließend Englisch spricht, lotst mich in die Halle: eine Werkstattausstattung vom allerfeinsten. Schnell ist der Wagen auf der Hebebühne. Die Ölwanne ist an einer Stelle durchgerostet. Nicht weiter kompliziert, aber die ein Ersatzteil fehlt. Ich richte mich seelisch schon auf eine Übernachtung in der Werkstatt ein, da steht nach gut einer Stunde ein Mitarbeiter fröhlich lachend vor mir. „Alles Gut?", fragt er mich die Ölwanne (made in Germany) in den Händen. Ja, denke ich erleichtert, alles gut. Nach insgesamt vier Stunden ist die Reparatur erledigt, davon brauchte die Dichtung eine Stunde zum Trocknen, und die Beschaffung der Ölwanne eine weitere Stunde. Und was mich wundert: Ölwanne, Dichtungskleber, Öl, Ölfilter, alles kommt aus Deutschland. Die größte Überraschung wartet aber beim Bezahlen auf mich: Insgesamt keine 200 Euros. Dafür hätte ich Deutschland gerade mal die sieben Liter Öl bekommen. Überglücklich nehme ich den Wagen wieder in Empfang und setze meine Reise fort.

Schloss und Schlosspark Plungė

MARDOSIAI - ŽEMSODIS

Stellplatzart: .... Campinglatz
GPS: N55 52 32.2 E21 44 55.7
Adresse: .... Mardosiai, an der 166
Tel.: .... +370 620 26033
mailto: .... info@transfortas.lt
Homepage: .... www.zemsodis.lt
Zufahrtinfo: Von Plungė auf der 166 südwärts fahren. Nach etwa 5 km links ab ausgeschildert.
Kurzbeschreibung: Großzügiges Campinggelände, Baumbestand muss noch wachsen - der Platz ist recht neu.

des Schlossareals. Sie beinhaltet manches kostbare Buch. Das Gebäude von 1846 (restauriert 2012) mit dem Glockenturm ist an den Palazzo Vecchio in Florenz angelehnt.

Ihren Wagen stellen Sie am besten vor dem Haupttor des Schlosses ab, wo Sie auch die Tourist Information finden (Dariaus ir Girėno g. 27, www.plunge.lt, **GPS N55 55 01.8 E21 51 07.7**). Von hier aus können Sie das Schloss, den Park und auch die Stadt mit der ebenso sehenswerten St. Johannes Kirche zu Fuß erreichen, bevor Sie mir in den Žemaitija Nationalpark folgen können. Einen Campingplatz finden Sie im acht Kilometer entfernten Mardosai. Von dort aus wäre die

Der Campingplatz Žemsodis

Nichts geht mehr, aber bald wieder!

ROUTE 4

Stadt auch mit dem Rad gut erreichbar. Andererseits wären Sie vom Campingplatz in einer Stunde zurück in Klaipėda. Ich mache mich aber auf in den nahen Nationalpark.

3 In den Žemaitija Nationalpark

Via Plungė starte ich nordwärts auf der 164, biege kurz hinter Užupės links nach Plateliai ab und gelange so zum zweiten Mal in den **Žemaitija Nationalpark**. Zunächst entscheide ich mich für den Besuch im Wallfahrtsort **Žemaičių Kalvarija**. Die doppeltürmige Wallfahrtskirche Mariä Heimsuchung beherrscht das Ortsbild des gepflegten Örtchens, das den Päpsten Johannes Paul II. und Benedikt XVI. einen Besuch wert gewesen war. Gegenüber der Kirche finden Sie das Dominikanerkloster, das seit dem 17. Jahrhundert besteht.

Der Parkplatz (**GPS** N56 06 34.7 E22 00 42.8) liegt zwar im Ort, ist aber ruhig und damit auch übernachtungstauglich. Ein Lebensmittelmarkt liegt gleich nebenan.

Durch das hügelige Gelände, auch litauische Schweiz genannt, fahre ich auf der 164 ein Stück retour bis zu Kreisverkehr und folge der Ausschilderung zum Nationalpark nach Plateliai. Die Nebenstraße (2302) schon ausgebaut, wenngleich ein paar Bodenwellen

Die Wallfahrtskirche in Kalvarija

ROUTE 4

DER ŽEMAITIJA NATIONALPARK

Der Nationalpark von Niederlitauen (Žemaitija) bietet besonders Naturliebhabern und Radfahrern viele Möglichkeiten. Die Seen und Wälder, die Architektur, Handwerkskunst der Holzschnitzer sowie traditionelle Feste bieten ein buntes Programm.

Der Park hat eine Gesamtfläche von 21.754 ha. Davon sind gemäß der Homepage des Nationalparks 10.515 ha bewaldet. Gewässer machen 1.857 ha aus, Moore 963 ha, Naturwiesen und Weiden 1614 ha, landwirtschaftliche Flächen 679 ha, Siedlungen 360 ha, sonstige Flächen 449 ha. In den 53 Dörfern und Siedlungen wohnen etwa 3.000 Menschen.

Der Ort Plateliai wurde im 15. Jahrhundert erstmals erwähnt. Hier können Sie Spuren des Erbes der Volksgruppe der Zemaiten finden. Der gleichnamige See ist zugleich der größte und tiefste in Žemaitija.

Die Fahrt um den See Plateliai, am besten mit dem Fahrrad, ermöglicht Ihnen einen Blick auf die hüglige Landschaft.

Südlich von Plateliai finden Sie einen Gutspark, benannt nach dem ehemaligen Gut derer zu Choiseuil mit einer uralten Esche, die den dicksten Stamm in Litauen haben soll. Die Kirche von Plateliai und diejenige in Beržoras gehören zu den ältesten Holzkirchen Litauens.

Ein Höhepunkt einer jeden Rundfahrt um den See, auch wenn es ein dunkles Kapitel der litauischen Geschichte betrifft, ist das **Museum des Kalten Krieges in Plokštine** (**GPS** N56 01 47.0 E21 54 18.7, +370 677 86 574, mailto: plokstine@zemaitijosnp.lt).

Die **Naturparkverwaltung**, bei der Sie Führungen auch in Plokščiai buchen können, finden Sie in der Didžioji gatvė 8 im Zentrum von Plateliai (Tel. +370 448 492 31, mailto: info@zemaitijosnp.lt, www.zemaitijosnp.lt).

Blick auf den Plateliai See (Plateliai ežeras)

ROUTE 4

> **DIE WEBSEITE DES NATIONALPARKS**
>
> Nutzen Sie zur Vorbereutung unbedingt die hervorragende Webseite der Nationalparkverwaltung. Sie ist voll von Sehenswürdigkeiten im Park und Touren zum Wandern und Radfahren. Sie ist auf Englisch, funktioniert in edge aber auch mit Hilfe des Übersetzers auf Deutsch. **zemaitijosnp.lt**

das Geschirr im Schrank hüpfen lassen. Die Straße (2302), auf der der See umfahren werden kann, ist allerdings stellenweise eine ruppige, für größere Wohnmobile ohne Bodenfreiheit ungeeignete Strecke. Allerdings wird sie wohl Stück für Stück erneuert.

Umso besser sieht es für eine Radtour aus - siehe Radtourentipp. Deshalb empfehle ich Ihnen, Ihren Wagen direkt nach Plateliai zu steuern und dort den Parkplatz am Yachthafen aufzusuchen. Einen weiterem Zeltplatz, der mit dem Wohnmobil erreichbar ist, finden Sie bei Beržoras. Von beiden Plätzen können Sie in den einwandfreien Radweg einsteigen, der zu allen sehenswerten Punkten am See führt.

Mit dem Fahrrad um den Plateliai See

Im Besucherzentrum bietet die Nationalparkverwaltung einen Broschüre mit Karte für die Tour um den See an, die auch von der Webseite heruntergeladen werden kann.

Im Nationalpark mit dunklen Nadelwäldern, Seen, Mooren und Sümpfen und einer besonders artenreichen Fauna sind 189 Tierarten, darunter Schwarzstörche, Kraniche, Luchse und Fledermäuse, registriert. Die 24 km lange, fast ebene Route verläuft überwiegend auf gut präparierten Geh-/Radwegen (asphaltiert) oder auf überwiegend asphaltierten Nebenstraßen, teils auch auf fein geschotterten Waldfahrwegen. Die Beschreibung der Radtour verläuft vom Stellplatz **Plateliai** aus gegen den Uhrzeigersinn um den See. Die Holzkirche des Ortes stammt von 1744. Das Informationszentrum des Nationalparks befindet sich benachbart im dunkelbraunen Holzgebäude, unübersehbar im Ortszentrum. Übrigens finden Sie am Nordende der Ortsmitte eine weitere, empfehlenswerte Gaststätte mit regionalem Speiseangebot (Cepelinai Kavinė Montero).

Vom Informationszentrum geht die Fahrt ins 2 km südlich liegende **Beržoras**. Hier erwartet Sie eine weitere Holzkirche (erbaut 1746 aus Rundholz - Bild unten). Sie ist gesäumt von einem der ältesten Friedhöfe und einem Kreuzweg mit 14 hölzernen

PLATELIAI /ZELTPLATZ BEIM YACHTHAFEN

Stellplatzart: Parkplatz/Zeltplatz
GPS: N56 02 57.6 E21 49 58.5
Adresse: Plateliai (außerorts)
Tel.: (Nationalparkverwaltung) +370 448 492 31
mailto: info@zemaitijosnp.lt
Homepage: www.zemaitijosnp.lt
Zufahrtinfo: Der Ausschilderung in den Ort folgen, am Ortseingang links ab ausgeschildert (Zeltsymbol und Platelių Yachtklubas). Der Parkplatz findet sich links oberhalb des Jachtclubs.
Kurzbeschreibung: Geschotterter Parkplatz, schöner Blick auf den See. Picknick-/Grillstellen, Dixi-Toiletten, Müllcontainer.

BERŽORAS - BERŽYNĖLIS STOVYKLAVIETĖ

Stellplatzart: Zeltplatz
GPS: N56 01 29.3 E21 50 13.0
Adresse: Beržoras
Zufahrtinfo: Ein schmaler, etwa 600 m langer Schotterweg führt von der Plunges gatvė in den lichten Wald bis zum Seeufer.
Kurzbeschreibung: Direkt am See im Wald gelegener Platz, mehrere Picknick- und Grillstellen, Trockentoiletten, Bademöglichkeit.
Sonstiges: Der Nationalpark hält weitere derartige Zelt- und Picknickplätze bereit, die Sie auf der Fahrt um den See entdecken. Einer ist schöner als der andere. An Wochenenden für Partys und Grillfeste beliebt.

Dies sind die folgenden Plätze, die allesamt ähnlich ausgestattet snd:
Mokama Stovyklavitė (GPS N56 02 18.9 E21 53 00.1). Bei der Gabelung vor der Zufahrt zur Militärbasis links abbiegen: Vorsicht, Schlaglöcher und Bodenwellen, ist bei vorsichtiger Fahrweise und ausreichender Bodenfreiheit jedoch auch mit normalen Wohnmobilen befahrbar.
Ąžuolų sala stovyklavietė (GPS N56 04 00.1 E21 49 37.1). Nördlich von Plateliai von der 2302 in Richtung See abbiegen und dem Schotterweg folgen.
Zumindest in der Hauptsaison und an Wochenenden kassieren Ranger für die Übernachtung einen geringen Betrag vor Ort.

Kapellen. Ebenfalls hier ist der neue **Siberia Aussichtsturm**, von dem aus man eine tolle Sicht auf die Region hat. 200 m nach der Ortsausfahrt liegt die Abzweigung zum **Zeltplatz Beržynėlis stovyklavitė** links ab.

Am See von Plateliai

Nach weiteren 2 km weist ein Schild links auf den früheren **Militärstützpunkt Plokščiai** hin. Nach 4,6 km gabelt sich der Weg. Eine typische, mit groben Betonplatten belegte Panzerstraße führt zum Tor der Raketenbasis, wo man sich zur Besichtigung am Kassenhäuschen meldet.

Möchten Sie Ihren Blick zurück in die Zeiten des Kalten Krieges werfen, melden Sie sich am besten bereits vorab beim Personal des Nationalparkzentrums für die Erkundung der früheren sowjetischen Raketenstation. Führungen gibt es täglich 10-17 h jeweils zur vollen Stunde, in der Nebensaison nur nach Bedarf.

In der Raketenstation waren bis Ende der 70er Jahre atomare Mittelstreckenraketen des Typs SS 4 und SS 20 gegen turnusmäßig wechselnde europäische Ziele gerichtet. Vor der Kuba-Krise sind auch von hier aus Raketen unter größter Geheimhaltung nach Kuba geschickt worden. Leser meines früheren Wohnmobil-Reiseführers berichteten, Sie seien tief beeindruckt. Ich möge den Besuch nebst Führung in die „militärische Unterwelt" der Roten Armee unbedingt empfehlen.

Im früheren Soldatenstädtchen befindet sich das Zentrum der ökologischen Bildung. Über das Gelände führt ein 3,2 Kilometer langer Wanderpfad, auf dem Sie erleben, wie die Natur sich diesen Ort friedlich aber konsequent zurück erobert.

Die ehemaligen Raketensilos in Plokštinė

Folgen Sie dann an der Gabelung dem Schild mit Campingsymbol, können Sie nach 800 m ziemlich holpriger Strecke wieder einen Halt für die nächste Rast einlegen (**Rastplatz Mokama Stovyklavitė, S.137**).

Die Straße (besser gesagt Piste) folgt weiter dem östlichen Seeufer, bis sie nach den genannten Ferienanlagen wieder asphaltiert ist und zu der Straße führt, auf welcher Sie eingangs nach Plateliai gelangt waren. Am nordwestlichen Seeufer liegt dann der Rastplatz. Entlang des am West- und Nordufer meist von der Straße getrennt verlaufenden Radwegs mit Naturbelag finden sich überdies einige zusätzliche Rastplätze.

Am Zeltplatz bei Beržoras

Die Holzkirche in Beržoras

Neue Radwege im Nationalpark

Wandertipps in Plateliai

Für die kleinen Gäste gibt es in Plateliai den lehrreichen „Ausflug mit der Eichel und der Kastanie" durch den Park des Landgutes (Dvaro svetainė). Die großen (natürlich auch die kleinen) Wanderer können im Landschaftsschutzgebiet Šeirė einen 4,1 km langen Naturpfad durch Tannen- und helle Mischwälder zum Moorgebiet Gaudupis machen. Zurück geht man am Seeufer nach Plateliai. Auf der Webseite finden Sie weitere Wanderrouten und Pfade.

Nachdem ich den Nationalpark ausgiebig erkundet habe, mache ich mich von Plateliai aus auf die Weiterfahrt gen Westen. Das mittlerweile asphaltierte Sträßchen führt durch das abwechslungsreiche Hügelland, bis sich schon aus der Ferne die zwei Kirchtürme von Salantai zeigen.

Das Örtchen ist recht nett herausgeputzt, auch wenn einige trostlos graue Platten- und Backsteinhäuser ein fades Äußeres abgeben. Die Kirche Mariä Himmelfahrt jedoch ist sehenswert. Und der Ort bietet willkommene Einkaufsmöglichkeiten, bevor ich auf der 169 zunächst ein kurzes Stück nach Süden zu Orvydus' Garten und später in nördlicher Richtung (Ausschilderung Skuodas/Molėtai) nordwärts sause.

Sehenswertes in Mosėdis

Hält man sich von der Kreuzung bei Salantai nordwärts, gibt es einiges zu entdecken. Kurz vor dem Städtchen **Mosėdis,** auf der östlichen Seite der 169 in Höhe des Dörfchens **Šaukliai**, können Sie einen ruhigen Rastplatz mit Badestelle finden.

in Orvydas' Garten

ORVYDŲ SODYBA-MUZIEJUS (ORVYDAS' GARTEN)

Hier hat Vilius Orvydas, Sohn des Steinmetzen Kazys Orvydas, angesichts einer Verordnung, wonach sowjetische Friedhöfe gefälligst ohne Grabsteine mit christlichen Symbolen zu gestalten seien, zahlreiche solche Werke der Steinmetzkunst gesammelt und in seinem Garten aufgestellt. Schließlich war das Gesetz für Friedhöfe, nicht aber für Gärten erlassen worden. Sein Hintergedanke war schon damals, die Besucher im Innehalten, Meditieren und zum Beten zu motivieren. Dass Repressalien der Sowjets nicht ausblieben, war zu erwarten. Doch widerstand er diesen letztlich auch, ja er ergänzte die Sammlung noch um einige selbst gefertigte Steine und Plastiken, die teils offene Kritik am Sowjetsystem bekundeten. Leider verstarb Vilius während seiner Arbeit im Skulpturengarten plötzlich und wurde in Salantai begraben.

Sie können die kuriose und zugleich mystische Sammlung noch heute bewundern. Die Idee des Vilius wird von seinen Verwandten weiter gepflegt. Sinnigerweise steht am Parkplatz ein russischer T-34-Panzer, der über den Parkplatz zu wachen scheint, sich bei genauerem Hinsehen aber als Wrack aus Weltkriegszeiten entpuppt.

Öffnungszeiten/Info: Tgl. 10^{00}-19^{00} h, Eintritt ins Museum € 2,20, ermäßigt € 1,10. Kontaktdaten siehe Stellplatzinformation.

IMBARĖ - ORVYDŲ SODYBA-MUZIEJUS

Stellplatzart: Parkplatz
GPS: N56 03 03.4 E21 36 36.5
Adresse: Imbarė, Gargždelė
Tel.: +370 613 28 624, +370 688 16 207
Zufahrtinfo: Von Salantai/Tankstelle 2,2 km nach Süden, dann links ab ausgeschildert (kurze Schotterzufahrt).
Kurzbeschreibung: Geschotterter Parkplatz vor dem Museumseingang (neben dem sowjetischen Panzer, der ehedem einen Platz in Salantai „zierte")
Sonstiges: Bei Übernachtungswunsch beim Museum nachfragen. Gäste des Museums sind im Wohnmobil jedoch willkommen.

Gegenverkehr

ROUTE 4

ŠAUKLIAI - BADESEE

Stellplatzart: .... Parkplatz
GPS: N56 07 40.4 E21 35 12.4
Adresse: .... Šaukliai, ein Stück außerhalb des Ortes
Zufahrtinfo: Auf der 169 von Salantai 8 km nordwärts, dann links nach Šaukliai halten. Im Ort geradeaus halten, bis nach einem kurzen Stück außerorts der Picknickplatz am Ufer des kleinen Sees erreicht ist.
Kurzbeschreibung: Asphaltierter Parkplatz nebst Picknick-/Grillstellen, Mülltonne, Badesteg, Trockentoilette.

MOSĖDIS - FINDLINGSGARTEN

Stellplatzart: .... Parkplatz
GPS: N56 09 57.0 E21 34 34.1
Adresse: .... Mosėdis, Mosedzio gatvė
Zufahrtinfo: Von der 169 in den Ort fahren, an der abknickenden Vorfahrt nach Überquerung der Brücke bei der Mühle (Mühlenmuseum mit geologischer Sammlung) rechts halten, nach gut 100 m rechts der Parkplatz.
Kurzbeschreibung: Geschotterter Parkplatz neben der Ortsdurchgangsstraße mit schönem Blick auf Kirche und Findlingsgarten.
Sonstiges: Ein weiterer Parkplatz liegt bei der sehenswerten Erzengel-Michael-Kirche (**GPS** N56 09 57.7 E21 34 21.0, Kestučio gatvė).

Nur 2 km weiter nördlich liegt links ab ein Parkplatz (Silales Keimo geologinis archeologinis Ensembles **- GPS** N56 09 10.0 E21 33 53.6). Dort können Sie einen Spaziergang auf dem geologischen

Der Findlingsgarten von Mosėdis

Größenvergleich

Informationspfad machen. Kurz später zweigt die Ortszufahrt rechts nach Mosėdis ab.

Der ganze Ort ist übersät mit mehr oder weniger großen Findlingen, die der Siedlung ein spezielles Aussehen geben. Besonders aufgefallen ist mir schon in früheren Jahren die Gedenktafel mit dem Hinweis auf die Zusammenhänge der litauisch-isländischen Geschichte. Island war das erste Land, das Litauen 1991 diplomatisch anerkannte.

Dass am Eingang beim (nachts geschlossenen) Parkplatz der (geschnitzte) Teufel seinen Rücken zur Kirche hinwendet, ist ganz sicher (k)ein Zufall… Oberhalb des Museums und des Steingartens erheben sich nämlich stolz die Türme der Erzengel-Michael-Kirche. Es lohnt sich unbedingt, sich diese anzuschauen.

4 Šventoji

Ich nehme nun den Weg zurück nach Salantai und von dort zur Küste bei **Šventoji (Sventaja)**. Der Ort hat, im Gegensatz zum übergroßen Nachbarn Palanga, einen schön angelegten Campingplatz. Der Sandstrand ist vom Campingplatz nur etwa 5 Min zu Fuß entfernt. Und schräg gegenüber, auf dem Weg dorthin, finden Sie ein Strandcafé mit kleinem Speiseangebot/Getränkeverkauf.

Erzengel-Michael-Kirche in Mosėdis

Der zweite Campingplatz im Ort ist - aus meiner Sicht - bei weitem nicht so attraktiv, aber sicher eine passable Alternative, wenn der andere Platz ausgebucht sein sollte (**GPS** N56 01 20.4 E21 05 04.3, Mokyklos g.).

Rad fahren an der litauischen Ostseeküste

Vor der Einfahrt des Campingplatzes verläuft der prima ausgebaute Radweg, auf dem Sie Richtung **Palanga** und weiter über **Nemirseta (Nimmersatt)** und **Karklė** bis **Klaipėda** entlang der Küstendünen mit lichtem Kiefernwald radeln und die ausgedehnten Sandstrände aufsuchen können. Ausdauernde Radler können die Route auf beiden Seiten des Kurischen Haffs verlängern. Doch gehe ich davon aus, dass die meisten von Ihnen keine Profi-Radsportler sind und eher kleinere Etappen bevorzugen.

Ein interessantes, lebhaftes Ferienstädtchen ist **Palanga (Polangen)**, zugleich Litauens bedeutendster Badeort. Wenn Sie schon mal gerne das suchen, was man „Ferienrummel" nennt, sind Sie hier richtig. Ein bunter Reigen der Gastronomie, von der rockigen Musikkneipe bis zum gepflegten Restaurant, Strandbars, die berühmte Landungsbrücke, einen Traum-Sandstrand und nicht zuletzt das prunkvolle Schloss nebst ebenso schönem Park

Sonnenuntergang am Strand von Šventoji

ŠVENTOJI - DAMTAS IR EVALDO SODYBA

Stellplatzart: Campingplatz
GPS: N56 00 52.9 E21 04 40.7
Adresse: Šventoji, Ošupio takas 1a
Tel.: +370 680 84332
mailto: info@osupis.lt
Homepage: www.osupis.lt
Zufahrtinfo: Von der A13 nach Šventoji fahren. Der abknickenden Vorfahrtsstraße folgen. Gleich danach links ab ausgeschildert.
Kurzbeschreibung: Sehr schön angelegter Platz rund um das Privathaus der Besitzer. Wifi Empfang, Picknickbänke, viele Blumen und Hecken sowie ein Spielplatz nebst einem kleinen Pool für Kinder. Die Betonburg hinter sich braucht man ja nicht anschauen. Viel eher spazieren Sie durch den Kiefernwald auf den Dünen des nahen, makellosen Sandstrandes. (Fast möchte man Pulverstrand sagen...): Weiterhin gegen Extragebühr Waschmaschine/Trockner, Sauna. **Öffnungszeit**: Mai-Sept.

erwarten Sie. Hier ist für alle etwas geboten. Nur ein Wohnmobil-Stellplatz oder Campingplatz fehlt hier

Wenn Sie allerdings mit einfachen, teils schlicht ungepflegt erscheinenden Plätzen zufrieden sind, weil Sie sagen „ich hab ja meine eigene Toilette und Dusche", werden Sie im Norden der Küstenstadt entlang der Straße fündig. Hier scheint jeder Hausbesitzer, der ein paar Quadratmeter Fläche erübrigen

barrierefreier Strandzugang

kann, einen „Campingplatz" eingerichtet zu haben,den ich aber nicht empfehlen möchte. Mein Vorschlag: Steuern Sie meine Vorschläge in Šventoji oder Karklė an und nehmen das Fahrrad, um Palanga zu besuchen.

5 Palanga

An zahlreichen Ständen am Fuß der sehenswerten Mariä-Himmelfahrt-Kirche werden Schmuck aus Bernstein, aber auch andere Souvenirs aus dem leichten „Edelstein" aus der Ostsee feilgeboten. Angesichts der Preisunterschiede bin ich mir der Qualität des Angebotes, hier und da auch der Seriosität der Händler, nicht immer sicher. Doch das ist in solch beliebten Touristenorten wohl nicht ungewöhnlich. Von der Kirche aus spazieren Sie zunächst entlang der Vytautas gatve in südlicher Richtung am Dr. Jonas Šliūpas Gedenkstätte vorbei. Nach einem ganzen Stück gehen Sie rechts durch den weitläufigen botanischen Garten bis zum Bernsteinmuseum. Der Gintaras parkas wurde im 19. Jh. vom Franzosen Edouard François André angelegt, dem man

Mariä-Himmelfahrt-Kirche

deshalb eine Gedenktafel gewidmet hat. Nehmen Sie sich die Zeit für einen ausgedehnten Spaziergang durch diesen besonders schönen und gepflegten Park.

Vor dem Bernsteinmuseum im Schloss der Grafen Tiskiewicz steht die Kopie der von den Sowjets zerstörten Christusskulptur (siehe Bild unten). Gönnen Sie sich den Besuch des Museums, denn hier gibt es Interessantes über den Bernstein und was man daraus machen kann, zu entdecken. **Info**: Vytauto g. 17, Tel. +370 460 51319, mailto: gintaro.muziejus@ldm.lt, www.palangatic.lt.

Zu den Sehenswürdigkeiten gehört in Palanga auch die sehenswerte, wenn auch nicht wirklich alte, Landungsbrücke. Sie führt weit in die Ostsee und bietet einen ganz anderen Blickwinkel auf den Badeort.

An diesem Punkt endet die an die 1300 km lange Rundreise durch Litauen. Wenn Sie mit der **Fähre von DFDS Seaways ab Klaipėda nach Kiel** reisen, dürfte einer der erwähnten Campingplätze an der litauischen Ostseeküste Ihre letzte Station sein, bevor Sie sich von einem der Fährschiffe winkend von Litauen verabschieden.

Von Palanga aus gelangen Sie über die A13 an die 20 Kilometer entfernte Grenze nach Lettland, und können dort entlang der Küste über das Kap Kolka in die lettische Hauptstadt Riga fahren, und auch weiter nach Estland. Die MOBIL & AKTIV ERLEBEN. Reisebücher für Lettland und Estland helfen Ihnen dabei zuverlässig.

Mir bleibt nun, Ihnen eine gute Heimreise zu wünschen! Oder gute Weiterreise nach Lettland und Estland mit den beiden Nachbarbüchern aus der Reihe MOBIL & AKTIV ERLEBEN. Auf alle Fälle wünsche ich gute Fahrt!

Schloss Tiskiewicz mit der Christus Statue

Nützliche Infos von A-Z

Lesen Sie die Infos von A-Z und die Einleitung zum Buch bitte aufmerksam. Beherzigen Sie diese im Sinne Ihrer Urlaubsregion, deren Einwohner - und im eigenen Interesse. Schließlich möchten Sie einmal wiederkommen und Litauen erneut in all seiner Schönheit und Natürlichkeit erleben.

Abwasserentsorgung

In Litauen ist die Ver- und Entsorgung in den vergangenen Jahren ganz wesentlich verbessert worden. Was es allerdings kaum gibt, sind Wohnmobil-Stellplätze mit entsprechenden Vorrichtungen, wie wir sie in Mitteleuropa kennen. Die Entsorgung Ihres Grau- und Abwassers ist deshalb nach meiner Erfahrung fast ausschließlich auf Campingplätzen möglich, die in den vier Routen ausführlich beschrieben werden. Ein dauerhaft offener Absperrhahn des Grauwassertanks oder ein „Eimer ohne Boden" sind hingegen absolut **tabu**!

Wenn es dennoch einmal gar nicht vermeidbar ist, sollten Sie das Wasser „diskret" auf Brachland oder auf Naturboden ablassen, nach Möglichkeit in ein Loch (an Klappspaten denken), das Sie zuvor ausgehoben haben. Den Rest regelt Mutter Natur mit ihren Bodenbakterien - **wenn Sie keine (ohnehin weitgehend unnütze) Chemie in den Abwassertank gegeben haben**.

Für das Grauwasser sollten Sie einen Schlauch von 1-2 m Länge an Bord haben, den Sie an den Ablaufhahn des Abwassertanks anschließen können, um das Abwasser in den Ausguss abzulassen.

Oder Sie behelfen sich mit einem zum Abwasserkanister umfunktionierten Faltkanister oder einem Eimer (mit Boden!), der ans Abflussrohr angehängt und bei Bedarf zur Abwasserstation gebracht wird.

Die Toilettenentleerung ist kritischer als beim 'Grauwasser', das im Normalfall ja weder hygienisch noch chemisch bedenklich ist. Viele Wohnmobilreisende nutzen immer noch Chemikalien im Toilettentank um unangenehme Gerüche zu vermeiden. Diese Tanks dürfen aber nur in entsprechenden Entsorgungsstationen für Chemie-Toiletten auf Campingplätzen entsorgt werden, die Sie mittlerweile flächendeckend finden. **Praxistipp:** Eine gute Wahl ist es deshalb, sich vor dem Urlaub eine „**Absauganlage**" einzubauen. Es handelt sich um ein kleines Gebläse, das die Zersetzungsgase aus Ihrer WC-Kassette beim Öffnen der WC-Klappe nach draußen befördert. Ihr Campinghändler hat solch ein Gerät vorrätig und kann es mit wenig Aufwand einbauen. Die Investition lohnt sich angesichts des gesparten Geldes für die WC-Chemikalien schnell! Und die Umwelt dankt es Ihnen

Nach unseren Erfahrungen sind die ganzen Geheimtipps wie Essig, Schmierseife, Corega Tabs oder sonstwas weitgehend sinnlos. Ganz wichtig ist vor allem das regelmäßige, möglichst tägliche Entleeren der Kassette. Warten Sie nie, bis die Füllstandanzeige „rot" zeigt.

Anreise

Am unkompliziertesten und flexibelsten ist die Anreise mit dem Wohnmobil. Die Autobahnverbindung zwischen der deutschen Grenze und Bialistok ist mittlerweile in hervorragendem Zustand, so dass sich die knapp 20 Euros Maut wirklich lohnen. Johannes und ich fahren lieber entspannt mit Maut, als das wir mautfrei kostbare Urlaubszeit vorm Elbtunnel, auf dem Münchner Ring oder vor einer der zahllosen Baustellen stehe. Die heutigen

Autobahnen in Polen sind in teils besserem Zustand als bei uns, die Maut sorgt meist für freie Straßen, und die Rastplätze bieten mitunter kostenlose Stellpätze mit Wasserversorgung für Wohmobile. Von der deutschen Grenze aus schafft man es in einem Tag bis nach Litauen, wobei Städte wie Posen, Breslau oder Warschau immer einen Besuch wert sind, wenn die Zeit da ist.Und auch die Bummeltour entlang der Ostseeküste ist eine wunderschäne Alternative.

Sicherlich bequemer sind die Fährverbindungen. Hier ist aber frühzeitiges Buchen angesagt, denn Kosten von 400€ pro Strecke sind bei einer Familie schnell erreicht. Und wenn Sie nicht gerade in Schleswig-Holstein wohnen, habben Sie dann auch noch eine Strecke bis nach Hause vor sich. Die Fährtermine um die Wochenmitte sind hierbei weniger ausgebucht, als um die Wochenenden. Von Deutschland aus können Sie (Stand 2020) die Dienste der **DFDS Seaways** (Kiel-Klaipėda), der **Stena-Line** (Travemünde-Liepāja/Ventspils an Lettlands Westküste) und der TT Line (Rostock-Schweden-Litauen) nutzen.

Oft traf ich auch Wohnmobilisten an, die eine Reise durch die baltischen Länder auf der Durchreise nach Skandinavien oder um die Ostsee machten. In diesem Fall gehören auch die Verbindungen Tallinn-Helsinki oder Stockholm dazu (verschiedene Gesellschaften).

Autofahren in Litauen

Die Straßen sind hinsichtlich Kapazität und Straßenbelag in den letzten Jahren viel besser geworden, und es wird jährlich besser. Doch finden Sie auch unbefestigte, enge Nebenstrecken mit Schotterbelag. Diese, aber zunehmend auch die stark vom Schwerverkehr genutzten Hauptstrecken, sind überdies häufig in einem - vorsichtig ausgedrückt - abgenutzten Zustand. Mit Schlaglöchern, Bodenwellen und Spurrillen können überall vorkommen.

Auf Nebenstraßen ist die Verkehrsdichte wesentlich geringer, als wir es aus Mitteleuropa kennen. Geringer ist auch der Schilderwald - man muss manchmal einen gewissen Orientierungssinn beweisen. Die Verkehrszeichen entsprechen meist gewohnten europäischen Norm. Eine Bildtafel der Verkehrszeichen in Litauen finden Sie bei Wikipedia.

Straßenzustand

Die Haupt- und Verbindungsstraßen sind meist gut ausgebaut. In weniger verkehrsreichen Gegenden sind sie eher einer von zu Hause gewohnten Bundes- und Landstraße vergleichbar. Es gibt (selbst auf 4-spurigen Strecken!) Wendestellen oder die Möglichkeit, links abzubiegen. Das kreuzungsfreie Ein- und Ausfahren ist also nicht immer gesichert. Das ist bei starkem Verkehr kritisch und erfordert eine erhöhte Aufmerksamkeit! Auch auf den großen Hauptverkehrsstrecken gibt es Bushaltestellen. Fußgänger und (wenn auch mittlerweile nur noch ganz selten) ein Pferdefuhrwerk können selbst auf den Hauptstrecken vorkommen. Und an den Straßenrändern parken, besonders zur Pilz- und Beerenzeit, häufig Autos. Oft stehen Campingtische daneben, an denen das Gesammelte zum Verkauf angeboten wird. Daher ist es äußerst wichtig, umsichtig und unter Einhaltung des Tempolimits zu fahren.

Schotterstraßen/Nebenstrecken

Je nach Fahrzeugtyp sollte man die Auswahl dieser **Nebenstrecken** eingehend prüfen. In den Tourenvorschlägen wird auf kritische Passagen eingegangen. Im Grunde sind Schotterstraßen gut befahrbar, wenn man sich mit angepasster Fahrweise darauf einstellt und vorausschauend fährt. Achten Sie auf Schlaglöcher und „Waschbretter". Schlaglöcher kann es überall geben. Waschbretter kommen verstärkt dort vor, wo vor allem schwere Fahrzeuge bremsen oder beschleunigen, also vor allem an Gefällen, Steigungen sowie vor und nach Kurven. Halten Sie Abstand zum Vordermann. Bei Gegenverkehr nehmen sie das **Tempo herunter und fahren möglichst weit rechts**, damit Steinschlag vermieden werden kann. Das gilt besonders, wenn LKWs entgegen kommen oder man überholt wird.

Busverbindungen
Es gibt ein gutes und vor allem preisgünstiges Netz an Buslinien, was in der Nähe der Ballungsgebiete der Hauptstädte von Interesse sein dürfte, wenn der Bus (aber auch die Bahn) eine gute Alternative zur Fahrt in die Innenstädte ist.

Abblendlicht
Generell ist ganzjährig während der Fahrt das Abblendlicht einzuschalten.

Alkohol im Straßenverkehr
In Litauen gilt die 0,4-Promille-Grenze. Für Bus- und LKW-Fahrer sowie für Fahrer mit einer Fahrerfahrung von weniger als zwei Jahren gelten 0,2 Promille. Fahren unter Alkoholeinfluss wird strafrechtlich mit hohen Strafen bis zum Entzug des Führerscheins geahndet.

Ampelregelung
Die Farbfolge der Ampeln ist Grün - Blinkendes Grün - Gelb - Rot. Das blinkende Grün entspricht unserem „Gelb" und bedeutet: Anhalten!

Kraftstoff/Tanken
Das Tankstellennetz ist gut ausgebaut, und die exzessiven Preissprünge von teils 30 Cent innerhalb weniger Stunden oder die unanständig hohen Kraftstoffpreise an Autobahntankstellen gibt es hier nicht. Längere Strecken ohne Tankstelle gibt es kaum. Doch vor dem Befahren der dünn besiedelten Landstriche und Inseln sollte geschaut werden, es nicht auf den letzten Liter ankommen zu lassen.
Bleifrei Super heißt 95E (Super Plus 98E), das aus grünen Zapfpistolen sprudelt, wobei das E für bleifreien Sprit steht. Bei Dieselkraftstoff ist es einfacher - er wird mit D bezeichnet oder ganz einfach mit „Diesel" und kommt aus schwarzen Zapfpistolen ohne Absaugvorrichtung.

Häufig findet man auch unbemannte Automatentankstellen, die die Nutzung der Maestro- oder Kreditkarte (mit PIN) oder Banknoten erfordert. Freuen dürften Sie sich bei all dem, dass die Kraftstoffpreise um einige Cent günstiger als zu Hause sind.

Fahrzeug
Für Wohnmobile gilt zu berücksichtigen, das folgende Dinge zusätzlich mitgeführt werden müssen: *Feuerlöscher, Ersatzlampenset*
Von Dezember bis einschließlich März sind Winterreifen Pflicht. Es sind der **(EU-)Führerschein,** die **KFZ-Papiere** mitzuführen. Die **Grüne Versicherungskarte** wird empfohlen. Es empfiehlt sich **ein Schutzbriefes**, damit im Fall der Fälle schnell umfassende Hilfe zur Verfügung steht.
Telefonieren im Auto ist nur mit einer Freisprechanlage erlaubt, Schäden am Fahrzeug können vor Ort repariert werden. Es gibt ein dichtes Netz an Fachwerkstätten, die Kosten sind, trotz erstklassiger Markenersatzteile, erheblich günstiger als bei uns.

Wichtig aus meiner Sicht sind: **Feuerlöscher, 1-2 l Motorenöl** im Auto, ausserdem ein sehr kräftiges **Abschleppseil**, **Werkzeug**, **Ersatzlampen**, **Klappspaten; Warnwesten** und die Karte für einen **Europaschutzbrief**.

Parken
Mehr und mehr ist das Parken in den Stadtzentren kostenpflichtig. Oft lohnt es sich, außerhalb zu parken und mit Rad oder Bus/Bahn in die Stadt zu fahren. Die Preise dafür sind sehr gering und können meist völlig unkompliziert per App bezahlt werden.

Es ist meist kein Problem, einen auch für Wohnmobile geeigneten Parkplatz zu finden. Wobei natürlich die ganz Großen auch hier (wie überall) Einschränkungen in Kauf nehmen müssen.

Tempolimit
Innerorts gilt in ein Tempolimit von 50 km/h, außerorts 90 km/h und auf Autobahnen/Schnellstraßen (erkennbar an grünen Verkehrstafeln) 110

km/h. Das gilt für alle, die mit bis zu 3,5 t unterwegs sind. Für Fahrzeuge > 3,5 t wird es etwas komplizierter:

In **Litauen** können Sie (bis 7,5 t) auf der Autobahn so schnell wie die PKW fahren - 110 km/h, auf der Landstraße dagegen müssen Sie sich auf 70 km/h bremsen.

Neben den normalen Blitzanlagen wird in Litauen oft die **Section Control** eingesetzt, bei der die Durchschnittsgeschwindigkeit über eine Strecke von mehreren Kilometern gemessen wird.

Sicherheitsgurt, Kindersitze
Ist Pflicht. (Bei Kindern bis 12 Jahre zusätzlich ein zugelassenes Rückhaltesystem/Kindersitz, möglichst auf dem Rücksitz).

Baden und Wassersport

An den Seen im Binnenland und an den Stränden der Ostsee gibt es zahlreiche öffentliche Badestrände. Die Strände sind meist durch ein Schild oder Piktogramm gekennzeichnet und verfügen über Parkplätze, manchmal verbunden mit Picknick- und Zeltplätzen.

In touristisch gut erschlossenen Orten (in den Ballungsgebieten der Hauptstädte und an den Küsten) gibt es auch Frei- und Hallenschwimmbäder, die meist von Mai bis August geöffnet sind, Hallenbäder naturgemäß eher im Winterhalbjahr. Die Eintrittspreise sind günstiger als zu Hause.

Darüber hinaus werden in den Routenvorschlägen einige Heilbadeorte beschrieben, wo ein Rundum-Wohlfühltag eingelegt werden kann, zumal das günstiger ist als zu Hause.

An Seen und Flüssen finden Paddelbegeisterte außerdem zahlreich die Gelegenheit, Ihrem Hobby nachzugehen.

Campingplätze

Die Anzahl von Campingplätzen mit westlichem Standard ist stark verbessert worden. Meist ist die Sommer-/Hauptsaison der Campingplätze kürzer als zu Hause, sodass sie in der Regel nur von ca. Mai bis Ende August/ September geöffnet sind, nur wenige auch ganzjährig.

Die Campingplätze sind landschaftlich meist wunderschön gelegen und mit viel Liebe und Sorgfalt eingerichtet. Das Preisniveau ist für fast alle Plätze noch ein wenig niedriger, als wir es aus Mitteleuropa gewohnt sind, die Preise ziehen aber merklich an. Kalkulieren Sie ca. € 15 bis 25 pro Wohnmobil und Nacht inklusive 2 Personen.

Es gibt zudem eine große Zahl öffentlicher „Zeltplätze", die teils kostenfrei, teils für wenig Geld genutzt werden können. Sie bieten meist nur Minimalausstattung mit Trockentoilette sowie Picknick- und Grillstellen, manchmal noch einen Pumpbrunnen (dessen Wasserqualität nicht immer einwandfrei ist). Mitunter sind es aber die schönsten Plätze weit und breit. Diese Plätze bezeichne ich im Text als Parkplätze. In manchen Naturparks wird durch Ranger eine (geringe) Gebühr fürs Parken kassiert. Die Ausschilderung ist oft das auf der rechten Seite abgebildete Schild.

Viele, aber nicht alle beschriebenen Campingplätze sind im Campingverband Litauens organisiert. **Informationsadresse**: **Slėnio g. 1, LT 21102 Trakai, Litauen, Tel.: +370 680 32452, info@camping.lt www.camping.lt**

Diplomatische Vertretungen

Botschaft der Bundesrepublik Deutschland Vilnius (Wilna)
Z. Sierakausko g. 24
LT - 03105 Vilnius
Telefon: +370-5-2106400
Fax: +370-5-2106446
www.wilna.diplo.de

Botschaft der Schweiz
Alle konsularischen Dienstleistungen werden ab dem 30. Mai 2011 durch

das Regionale Konsularcenter Baltische Staaten in Riga erbracht, das der dortigen Schweizerischen Botschaft angegliedert ist.

Regionales Konsularcenter Baltische Staaten Riga
c/o Embassy of Switzerland
Elizabetes iela 2
1340 Riga/Latvia
Tel. +371 67 33 83 51 / 52 / 53
baltischestaaten@eda.admin.ch

Österreichische Botschaft Vilnius (Wilna)
Gaono 6
LT-01131 Vilnius
Tel: (+370/5) 266 05 80
Fax: (+370/5) 279 13 63
Die Botschaft ist außerhalb der Dienstzeiten für österreichische Staatsbürger in Notfällen unter der Mobiltelefonnummer 00370 610 00 844 erreichbar. Bei Bedarf kann nach Voranmeldung auch über FACEBOOK („Österreichische Botschaft Vilnius") mit der Botschaft Kontakt aufgenommen werden (www.bmeia.gv.at)

Fahrrad fahren

Litauen ist ein prima Ziel für Fahrrad-Fans! Nebenstrecken sind häufig gut mit dem Fahrrad zu befahren, da es nur eine geringe Verkehrsdichte gibt. An den Küsten sind häufig auch spezielle Küstenradwege angelegt. In den Nationalparks wird ein immer besseres Radwegenetz angelegt, das auch (meistens) recht gut ausgeschildert ist. Die Informationszentren der Nationalparks und die Touristinformationen halten darüber gutes Karten- und Informationsmaterial bereit.

Fotografieren/Filmen

Tja, was soll ich hier schreiben? Etliche tausend Bilder in sechs Monaten sprechen für sich.

In den größeren Städten finden Sie gut sortierte Fotogeschäfte. Jedoch sind die Preise nicht günstiger als zu Hause und das Angebot dünner.

Wenn Sie sich noch zu den Freunden der Analogfotografie zählen, sollten Sie genügend Filme mitnehmen, denn hierfür finden Sie kaum noch Geschäfte. Ein Reinigungsset für Ihre Kamera leistet gute Dienste, denn Staub, Sand und Salzwasser setzen Kamera und Gehäuse ordentlich zu. Daher ist auch eine gute Fototasche unbedingt zu empfehlen.

Freie Übernachtung und Sicherheit

Wie im gesamten Baltikum ist das Freistehen erlaubt, wenn folgende Dinge beachtet werden:

- *Das Betreten von privatem Grund ist nur mit er Erlaubnis des Eigentümers erlaubt.*
- *Das Übernachten in Städten, städtischen Gebieten und Häusern ist, abgesehen von Parkplätzen, untersagt.*
- *In Naturschutzgebieten und nationalparks gelten Einschränkungen. Sprechen Sie vorher mit den Nationalparkrangern.*

INFOS A–Z

- *Es gilt: Nimm nur Erinnerungen mit, hinterlasse nicht als Fußspuren.*

Es gibt, wie unter „Campingplätze" erwähnt, viele einfache Zelt- und Picknickplätze. Dort ist es gängig, zu zelten oder mit Wohnwagen und Wohnmobil zu stehen. Ausgeschildert sind die Plätze mit dem nebenstehenden Verkehrszeichen. In den National- und Naturparks ist das „wilde Camping" nur an ausgewiesenen Plätzen zulässig. Außerhalb wird in der Praxis auch auf geeigneten öffentlichen Parkplätzen die freie Übernachtung für eine Nacht meistens toleriert.

Selbstverständlich dürfte sein, Abfälle nicht liegen zu lassen. **Für Wildtiere ist er eine tödliche Gefahr mit qualvollen Folgen!**

Ein unter Reisenden viel diskutiertes Thema sind die in den baltischen Staaten oft auf diesen freien Stellplätzen/Picknickplätzen stattfindenden lautstarken Feste, besonders an Wochenenden im Sommer. Da und dort kann es einem schon mal unwohl sein, wenn der Lautstärke- und Alkoholpegel steigt. Allerdings möchte ich deutlich darauf hinweisen, dass ich niemals gravierende Belästigungen oder gar Bedrohungen erleben musste. Beachten Sie aber, dass Sie Gäste in den Ländern sind, nicht umgekehrt. Es hat im Baltikum Tradition, ausgelassen in der Natur, speziell auf diesen Picknickplätzen zu feiern.

Es wurde mir mehrfach erläutert, dass man die jahrzehntelange Unterdrückung und Bevormundung satt habe und nicht alles und jedes zu reglementieren versuche.

Im Zweifel sollten Sie etwas abseits stehen. Ein Lächeln oder nachbarschaftlicher Gruß (vielleicht das Mitfeiern) helfen mehr, als Einheimischen sagen zu wollen, wie sie sich zu verhalten haben. Mehrfach schon wurden meine Familie und ich schon spontan zum Grillen eingeladen und verbrachten dann einen herrlich lustigen Abend mit Einheimischen.

Mit Blick auf Ihre **Sicherheit** ist es an der Zeit, mit überholten Klischees aufzuräumen. Dann sind Sie in Litauen jedoch genauso sicher, wie anderswo. Doch habe wir uns insgesamt nirgends unwohler oder unsicherer gefühlt, als in anderen Reiseländern auch.

Frischwasser

Durch das dichte Netz von Campingplätzen gibt es landesweit Trinkwasser in einwandfreier Qualität. Johannes und ich selbst nutzen keine Chemie fürs Trinkwasser und hatten noch nie gesundheitliche Probleme deswegen. Viel wichtiger sind meines Erachtens hygienische Aspekte:

- *Zum Saisonbeginn das Trinkwassersystem reinigen und desinfizieren.*
- *Nutzen Sie einen eigenen Schlauch mit eigenem Hahnanschlußstück.*
- *Wenn Sie fremde Schläuche benutzen müssen, säubern Sie das Schlauchende mit reichlich Spiritus.*
- *Lassen Sie das Wasser ablaufen, bis es kalt ist.*

In den Touren gehe ich zahlreich auf Wasserentnahmestellen ein. Meistens finden sich die Zapfstellen auf Campingplätzen. Hier und da wurden auch Quellen eingefasst oder Sie finden öffentliche Trinkwasserbrunnen. Wenn ich solche entdeckt habe, sind diese im Routentext erwähnt. Eine „Sichtprobe" mit einem sauberen Glas macht hier allerdings immer Sinn.

Die Nachfrage an der Tankstelle führt eher selten zum Ziel. Oft hilft auch die Frage beim Personal einer Gaststätte, bei einem Bauernhof etc. und bei Tourist-Informationsbüros weiter. Eine freundliche Nachfrage kostet bei den hilfsbereiten Gastgebern nichts.

Gasversorgung

Wer einen Gastank oder Gastankflasche an Bord hat, ist auf der sicheren Seite, denn nahezu jede Tankstelle in Litauen ist auch eine Gastankstelle. (LPG). Die grauen, deutschen Flaschen füllen zu lassen ist nahezu unmöglich. Im lettischen Daugavpils,in der Nähe der Region Aukštaitija (Tour 3) können Sie sie bei der Frima Latvijas Propāna gāze, Jelgavas iela 2, www.lpg.lv) gegen Barzahlung füllen lassen.

Gesundheit/Ärztliche Versorgung/Apotheken

Privatversicherte sollten sich über den Versicherungsschutz bei Ihrer Krankenversicherung erkundigen. Für gesetzlich Versicherte ist die europäische Krankenversicherungskarte („European Health Insurance Card" – EHIC) ist auf der normalen Krankenversicherungskarte integriert. Sie gewährleistet Behandlung wie für estnische Bürger. Dennoch sollten Sie eine Auslandskrankenversicherung abschließen, damit Sie sich nicht mit der Abrechnung herumschlagen müssen oder gar auf Ihren Kosten sitzen bleiben. Bewahren Sie Belege einer Arztbehandlung für die spätere Abrechnung auf.

Dringend empfohlen wird vor der Reise die Impfung gegen die oft tödliche FSME, um die schlimmste Folge eines Zeckenbisses vermeiden zu können.

Haustiere

Litauen ist kein klassisches Hundeland. Ihre Vierbeiner dürfen gemäß den EU-Richtlinien mit nach Estland einreisen. Für die genauen Details und für andere Tiere fragen Sie am besten im Vorfeld den Tourismusverband, die Botschaft oder Ihren Tierarzt.

WICHTIG: Vierbeinern wird oft der Zutritt zu Stränden, Parks und Campingplätzen verwehrt. Auch wenn das die Einheimischen wenig schert und vor allem die streunenden Hunde gerade dort mit großer Genugtuung ihr Häufchen fallen lassen, sollten Sie Fingerspitzengefühl walten lassen. Nehmen Sie immer einen Beutel mit, um den Hundekot aufnehmen und entsorgen zu können. Das ist ohnehin sinnvoll, hilft aber im Zweifelsfall auch mal weiter, damit ein „Offizieller" ein Auge zudrückt und 'Fifi' gewähren lässt.

In öffentlichen Verkehrsmitteln ist die Situation auch etwas schwierig. Offiziell werden Hunde häufig nicht akzeptiert. Doch zeigt meine Erfahrung, dass es hilfreich ist, einen Maulkorb dabei zu haben. Das beruhigt das Fahrpersonal ungemein und erspart Ihnen Diskussionen.

Kleidung

Im Sommer gehören leichte Sommerkleider ins Gepäck, aber auch Regenkleider, Pullover, warme Socken, angesichts steifer Seebrise auch Handschuhe, Mütze und gutes Schuhwerk. Zwar habe ich die warmen Sachen im Sommer auch in Litauen noch nie wirklich benötigt, doch in den nördlichen Gefilden kann es schon mal kühl werden, wenn das Wetter umschlägt oder man den Abend draußen genießt. Da der Sommer ausgesprochen schön sein kann (wenn **Sie** reisen sowieso!), gehören Sonnenschutz (Kopfbedeckung, Sonnencreme) und ein Mückenschutzmittel dazu. Badesachen sind natürlich immer angesagt - an der Ostsee der herrlichen Sandstrände und im Binnenland der zahlreichen, schönen Seen wegen.

Klima/Wetter/Reisezeit

Litauen ist vom kontinentalen Klima mit maritimen Einflüssen geprägt. Das bedeutet, dass der Sommer sehr heiß und beständig schön werden kann .Ich erlebte 2018 den Rekordsommer in Litauen,Temperaturen um oder deutlich über 30° C sind also nichts Besonderes.

Wenn aber das Wetter umschlägt, kann es auch schon mal empfindlich kühl werden - die arktischen Breiten sind halt näher als zu Hause. Auch an warmen Sommertagen folgen in der Regel angenehm kühle Nächte. Genau das macht das Reisen angenehm, denn man schläft dann auch besser.

Lebensmittel/Getränke

Sie können in bestens sortierten Supermärkten einkaufen wie zu Hause. Die Preise sind dabei differenziert zu betrachten. Westliche Waren sind teils sogar teurer, als zu Hause, was eigentlich auch konsequent ist, wenn man die Transportkosten berücksichtigt. Doch einheimische (also litauische) Produkte sind günstiger als zu Hause. Auf den Märkten bekommt man frische, ursprüngliche Lebensmittel wie frisch aus Wald und Garten.

Die Qualität der Waren und Lebensmittel ist einwandfrei. Es besteht also keine Notwendigkeit, zu Hause größere Mengen an Lebensmitteln zu bunkern. Sie erhalten alles (wirklich alles!) vor Ort.

Na ja - eine Ausnahme gibt es vielleicht schon: Das gute Tröpfchen Wein sollten Weinliebhaber vielleicht von daheim mitnehmen, denn da ist das Angebot nicht überall so üppig. Und in Litauen steht man beim guten Tropfen (auch Sekt) eher auf süßliche, liebliche Sorten.

Literatur/Landkarten

Dieser Wohnmobil-Reiseführer kann und will Ihnen keine vollständige Information über jeden Winkel Litauens geben. Vielmehr versteht sich dieses Buch als Orientierung aus unserer Praxis für Ihre Wohnmobilreise. Ergänzend empfehle ich Ihnen, gezielt geeignete Literatur bzw. Landkarten je nach Ihren Vorlieben zu kaufen. Mit folgenden Büchern habe ich gute Erfahrungen gemacht:

- Ein rundes Angebot, bestehend aus je einem Reiseführer, dem Kauderwelsch-Sprachführer und einer Landkarte für alle drei baltischen Länder (1:325.000) sowie ein Gesamtblatt (1:600.000) bietet der Reise Know How Verlag. Die Straßenkarten bestechen durch ihr „unkaputtbares" Papier.
- Für Fahrradfreunde gibt es zwar einzelne Bücher, die sich aber weitgehend für Radtouristen eignen, die längere Fernrouten radeln. Die regionalen Fremdenverkehrsämter geben zudem Tourenvorschläge heraus, die Sie sich jeweils vor Ort/nach Bedarf holen sollten.
- Wanderliteratur aus den gängigen Reiseverlagen ist leider (noch?) nicht verfügbar. Hier sollten Sie sich an die Fremdenverkehrsämter halten, sofern die Wandertipps aus diesem Buch Ihnen nicht ausreichen. Doch erhalten Sie auch in diesem Buch einigei Wandertipps, um in Bewegung zu sein.

Netzspannung - Stromanschluss

Wie in Europa üblich beträgt die Netzspannung 230 V/50 Hz. Die Euronormstecker klappen immer, Schuko-Stecker meistens auch. Der blaue CEE-Stecker ist auf Campingplätzen nahezu unbekannt. Ein entsprechender Adapter sowie 20-30m Kabel sind sinnvoll.

Notruf und Pannenhilfe

Europäisch einheitlicher Notruf (Polizei/Rettungsdienst/Feuerwehr): 112

Tourist-Informationen/Reisevorbereitung

Zahlreiche gute Tipps für die Reisepraxis erhalten Sie vorab vom Litauischen Fremdenverkehrsamt in München. Am einfachsten klicken Sie ins Internet oder senden eine e-Mail dorthin:

Litauisches Fremdenverkehrsamt in Deutschland
Josephspitalstraße 15
80331 München
Tel. +49 89 55 25 33 810
eMail: litauen.de@aviareps.com
www.lithuania.travel
Facebook: Litauen - Sehen Fühlen Lieben lernen

Gute Auskünfte und Prospekte zu den jeweiligen Regionen erhält man in Tourist-Informationen vor Ort. Gerne hilft man dort bei der Vermittlung geführter Wanderungen, Reittouren etc. oder berät ausführlich, welche Unternehmungen auf eigene Faust möglich sind (Wandern, Besichtigungen, sonstige Informationen). Außerdem werden Wander- oder Straßenkarten sowie Postkarten, oft auch Souvenirs angeboten.

In den Routenvorschlägen verweise ich häufig auf die Möglichkeit, wie Sie mit den jeweiligen Büros telefonisch, per Fax oder eMail in Verbindung

treten können. Die zitierten Websites sind überdies hilfreich und informativ.
Und wenn Sie im Vorfeld oder nach der Reise nach Litauen mit Gleichgesinnten „fachsimpeln“ möchten, empfehle ich Ihnen, mal in das Internet-Forum www.litauen-urlauber.de zu klicken.

Restaurants

Essen gehen ist meist deutlich günstigerer, als zu Hause. Mittlerweile muss man aber das Wort „meist“ betonen. Häufig erhält man ein gutes, kräftiges Essen im mittleren Preissegment für unter € 10,00 (nach oben natürlich keine Grenzen). Auf dem Land ist es noch günstiger, wenn man bewusst nach regionalen, traditionellen Speisen fragt. Das gilt auch für die Getränke. Sehr preiswert, qualitativ aber durchaus ansprechend, sind Selbstbedienungstheken in großen Supermärkten, wo man oft preiswerte, frisch zubereitete Speisen (oft unter € 5,00-7,00) zum Mitnehmen erhält.

Spezialitäten des Landes
Die Küche kann in Litauen am treffendsten mit bodenständig, deftig und kräftig beschrieben werden. Vergessen Sie, was Sie unter Diät verstehen - man ist ja im Urlaub. Das heißt aber auch, dass die angebotenen Speisen in Restaurants saisonal unterschiedlich aussehen - je nach dem, was der Markt gerade hergibt.
Zuerst: Šaltibarščiai. Das spricht sich Salti-barsch-tschäi. Die kalte Rote-Beete-Suppe ist für mich im Sommer unverzichtbar geworden. zumals es sie auch in Lettland und Estland gibt.

Schaschlik, aus Huhn oder Fleisch ist typisch. Und Kuchen. Wer in Klaipeda bei maxima den Kuchentresen sieht, versteht das. In Küstennähe und an den Seen erhalten Sie selbstverständlich auch ein breites Angebot an Fisch. Ob mit oder ohne Gemüse (häufig Kraut, Karotten etc.) - ein Schlag Sauerrahm und Rote Beete dürfen meist nicht fehlen. Typisch sind auch die geräucherten Schweineohren. Wirklich.

INFOS A-Z

Das gute, haltbare und kräftige Roggenschwarzbrot habe ich schätzen gelernt. Es wird gerne mehr oder weniger mit Kümmel versehen.
Typisch sind landesweit Čepelinai - Kartoffelklöße in Zeppelinform mit Hackfleischfüllung in Form eines Zeppelins, aber auch Pirogen mit verschiedenen Füllungen. Das beliebteste Getränk? Bier - und das schmeckt durchweg richtig gut!

Trinkgeld
Es ist üblich, guten Service durch ein angemessenes Trinkgeld zu honorieren. Die Praxis ist vergleichbar mit der in Deutschland.

Sehenswürdigkeiten/Museen

Museen sind meist Dienstag bis Sonntag ca. 9-18.00 Uhr geöffnet. Montag ist normalerweise Ruhetag, oft wird über Mittag geschlossen. Ausnahmen sind in den Hauptorten des Tourismus die größeren Einrichtungen, wo während der Haupturlaubszeit (Juni-August) oft täglich geöffnet wird.

Sprache, Verständigung

Die litauische Sprache wird uns deutschsprachigen Gästen sicher fremd vorkommen. Es mag Sie aber beruhigen, dass man meist problemlos mit Englischkenntnissen, häufig auch mit Deutsch durchkommt.

Telefonieren/Internet

Die Länder des Baltikums gehören zu den digitalen Vorreitern Europas. Langsames oder fehlendes Internet, Funklöcher und all solche Ärgernisse kennt man hier so gut wie gar nicht. Die internationalen Vorwahl ist +370. Die Ortsvorwahl beginnt (wie in Deutschland) mit einer „0", die bei Verwendung der Auslandsvorwahl weggelassen wird. Dann folgen die Anschlussnummer und die Durchwahl.

Gängig ist das Telefonieren mit dem „Handy". So können Sie Ihr Mobiltelefon auch in Litauen verwenden - da es ja innerhalb der EU keine Roaminggebühren mehr gibt. Bei längeren Aufenthalten empfiehlt sich die Überlegung, vor Ort eine der günstigen SIM-Karte (prepaid) zu erwerben. Das geht schnell und unkompliziert ohne Gesichtskontrolle, Schufa-Auskunft etc. In den Städten und fast auf allen Campingplätzen finden Sie„WiFi-Zonen", wo meist kostenlos (WiFi) im Netz surfen können.

Währung und sonstige Zahlungsmittel

Das Thema hat sich erledigt: Seit 2015 gilt auch in Litauen der Euro als gesetzliches Zahlungsmittel. Fast überall können Sie auch Kleinbeträge mit Kreditkarten bezahlen.

Wandern

Wandern ist hier vielleicht eher und treffender mit Spazierengehen zu beschreiben. Häufig finden sich interessante Pfade, oft in einsame Moore, endlose Märchenwälder oder entlang der Küsten.

Viele Tipps sind in den Routen beschrieben. Ergänzende Infos erhalten Sie bei den Fremdenverkehrsämtern. Schweißtreibende Anstiege sind die Ausnahme, weil Mutter Natur hier die Berge vergessen hat. Das heißt aber nicht, dass Sie das Wandern aus den Urlaubsplänen streichen sollten - im Gegenteil. Schweren Bergstiefel können Sie getrost zu Hause lassen. Leichte Wanderschuhe sind die bessere Wahl.

Zeitzone

In Litauen gilt Osteuropäische Zeit (entspricht Mitteleuropäische (Sommer-) Zeit + 1 Stunde!) Die Umstellung auf Sommer- bzw. Winterzeit entspricht jeweils der Praxis in Deutschland bzw. in Österreich.

Zoll- und Einreisebestimmungen

Das Schengen-Abkommen macht die Einreiseformalitäten überflüssig. Als EU-Bürger ab 16 Jahren genügt der Personalausweis oder Reisepass, für Kinder ein gültiger Kinderausweis mit Lichtbild. An Bord haben müssen Sie natürlich die Fahrzeugpapiere/KFZ-Schein.

Zum Schluss

Die Buchreihe MOBIL & AKTIV ERLEBEN - WOHNMOBIL-Reiseführer lebt von Erfahrungen aus der Praxis für die Praxis. Wenn Sie Hinweise und Vorschläge geben können und möchten, wie wir die Bücher entsprechend Ihren Vorstellungen noch besser gestalten können, kommen Sie bitte auf uns zu.

Wir sind gerne auch offen, wenn Sie Interesse haben, die Buchreihe zu erweitern. Wenn Sie sich mit den eingangs festgehaltenen Unternehmensgrundsätzen identifizieren und selbst kreativ werden möchten, können Sie als Autor eines solchen Wohnmobil-Reiseführers aktiv werden.

Sprechen Sie uns einfach an. Sie erreichen uns am leichtesten **per eMail unter verlag@mobil-und-aktiv-erleben.de oder per Post.**

Weitere Hinweise auf interessante Aspekte dieses Verlages sowie auf das wachsende Angebot von Büchern dieser Reihe finden Sie im Internet unter **www.mobil-und-aktiv-erleben.de**. Dort können Sie sich informieren, für welche Bücher wir gerade auf Achse sind.

So sind Sie immer informiert über all das, was wir gerade recherchieren und über wichtige Neuigkeiten in und zu unseren Büchern.
Unser Online-Buchshop bietet die jeweils aktuellste Übersicht über unser Buchprogramm und interessante zusätzliche Literatur.
Mit diesen Hinweisen sind Sie gut gerüstet für einen erholsamen und erlebnisreichen Urlaub.

Und nun wünsche ich allseits eine gute Reise!